L'OLIVE – CUISINE ET SANTE

ERICA BÄNZIGER

L'OLIVE
CUISINE
ET SANTE

VIRIDIS

Case postale 309, CH – 2800 Delémont
Couverture et conception: Dora Hirter, Birrwil
Photos: Evelyn et Hans-Peter König, Zurich
Photos introduction: Hans-Peter Siffert, Zurich, e. a.
Lithos et composition: Kneuss Satz AG, Lenzburg
Traduction de l'allemand et parties «France»: Philippe Rebetez, Delémont
Correctrice: Jacqueline Strahm, Delémont
Production: Neue Stalling, D – Oldenburg
ISBN 2-9700192-0-5
Printed in Germany

La version originale de ce livre a été publiée
sous le titre Erica Bänziger, Die Olivenküche,
Midena Verlag Aarau/Küttigen
ISBN 3-310-00306-X

Pasta

Au four

Dips/sauces/huiles aux herbes

Sans mentions particulières, les recettes sont calculées pour 4 personnes.

Dédicace

Je dédie ce livre

à l'aimable producteur d'huile d'olive Nicola di Capua et à sa partenaire,
la soprano Gabriela Bergallo;

à Roland Müller du Frantoio I Massi à Guardistallo (Toscane);

à tous les producteurs d'huile d'olive engagés et infatigables qui s'efforcent de produire une véritable huile d'olive de qualité, lesquels contribuent à sauvegarder cette vieille culture par leur travail;

à tous les amateurs d'huile d'olive et de la cuisine méditerranéenne, en particulier à tous ceux qui fêtent leur anniversaire le jour de l'olivier, le 23 septembre.

Cordialement

Erica Bänziger

PRÉFACE D'UN PRODUCTEUR

Il semblerait que les gens du nord prennent, petit à petit, goût à ce suc jaunâtre de la région méditerranéenne. Est-ce la publicité des pays producteurs, la prise de conscience des consommateurs dans le domaine de la santé? Ou serait-ce la nostalgie de la chaleur du sud qui produit cet attrait croissant pour l'huile d'olive? Quoi qu'il en soit, les producteurs d'huile d'olive se réjouissent de cet engouement, et avec les exigences du nord, la qualité dans toutes les régions productrices s'améliore.

Je suis probablement le premier Suisse qui, en 1991, a fait construire un moulin à huile traditionnel en Italie. En me mettant à presser de l'huile, j'ai dû refuser un grand nombre d'agriculteurs, car ils voulaient faire presser des olives ramassées au sol, pourries ou déjà moisies. A cette époque, la tradition voulait que les premières olives vertes appartiennent au grand propriétaire foncier. La récolte suivante et les premières olives au sol étaient destinées aux marchands. Restaient pour l'agriculteur fermier les olives au sol. Je me réjouis de voir qu'en Toscane la «répartition» des olives bonnes et moins bonnes appartient au passé. L'agriculteur qui soigne ses arbres durant toute l'année, récolte ses fruits et les amène au Frontoio, au moulin à huile, est de nouveau au premier plan. Même si la loi italienne interdit que des personnes non autorisées (les agriculteurs) se tiennent à l'intérieur du moulin, ce lieu de rencontre est bien plus qu'un «lieu de production». Ici, au coucher du soleil, se retrouvent surtout des agriculteurs fatigués et romantiques. On grille du pain dans la cheminée et la fraîche huile vierge est dégustée. Une belle coutume ...

Lors de l'achat d'huile d'olive, on peut toujours se demander d'où proviennent les énormes différences de prix. Je ne peux que répondre: une bonne huile d'olive a son prix. Et la qualité commence par les soins apportés aux arbres et se termine par le remplissage des bouteilles adéquates. La qualité ne peut pas non plus se délimiter géographiquement. Chaque région possède ses bonnes et moins bonnes huiles. Nous devrions tous nous engager en faveur d'une bonne qualité.

Roland Müller, Frontoio I Massi, 56040 Guardistallo/Italie

PRÉFACE DE L'AUTEUR

Que deviendrait la cuisine méditerranéenne sans l'huile d'olive? Même pas pensable! Dans toute la région de la Méditerranée, l'huile d'olive est un des ingrédients les plus importants. Symbole de la cuisine méditerranéenne, elle s'est forgée sa réputation mondiale en tant que tel. Plus que jamais, l'huile d'olive de haute valeur est à la mode. Les grands chefs de cuisine, les spécialistes en cuisine intégrale, les diététiciens et, de plus en plus les médecins, recommandent l'huile d'olive en tant qu'aliment de haute valeur et que médecine pour bon nombre d'affections. La renaissance tant attendue d'un des plus anciens produits naturels a débuté.

Comme peu d'autres plantes de culture, l'olivier marque le paysage méditerranéen et, comme le définit l'auteur d'un magnifique ouvrage sur le sujet, l'olivier est «le berceau de la civilisation». Car la patrie de l'olivier, la région méditerranéenne, est effectivement à la base de notre civilisation. Est-ce la raison de notre nostalgie pour cette région? En ce qui me concerne, je me sens chez moi dans le Sud. Oui, je m'imagine même avoir mes racines dans ce coin de terre. Je ne peux pas m'expliquer autrement la fascination qu'exerce sur moi l'olivier, mais aussi d'autres arbres de cette région.

Après avoir tiré de l'oubli les châtaigniers et leurs fruits et avoir contribué à les faire redécouvrir par bien des gens grâce à mon livre de cuisine sur les châtaignes, je dédie le présent livre à la vénérable culture de l'olive. Cette dernière n'a jamais disparu. Mais, malheureusement, un grand nombre de personnes n'a toujours pas découvert la grande valeur de l'huile d'olive naturelle. Avec ce livre, j'aimerais contribuer à combler cette lacune. L'idée d'écrire ce livre m'est d'ailleurs venue en Toscane, alors que j'étais assise sur un très vieux et noueux olivier, afin de puiser de l'énergie. De par mon lieu d'habitation, le Tessin ensoleillé au sud de la Suisse, je suis très proche des oliviers. Même au Tessin, on cultive des oliviers et on y presse de l'huile.

Depuis des années, je n'utilise pour ma cuisine que la précieuse huile d'olive. Je me réjouis d'avance si ce livre, avec ses recettes simples et savoureuses, amène davantage de gens à apprécier et aimer cet élixir de santé naturel. Même la santé publique pourrait en profiter.

Je vous souhaite beaucoup de moments ensoleillés et surtout plein de plaisir du palais en dégustant les différentes huiles d'olive.

Erica Bänziger

LE ROI DES ARBRES

Lors d'une rencontre des arbres, il fut décidé d'élire leur roi. L'acacia et le saule, avec son vêtement de paillettes argentées, furent parmi les premiers invités arrivés. L'acacia, qui ne portait son vêtement fleuri que pour la fête finale, cligna malicieusement de l'œil vers le saule lorsqu'entrèrent le peuplier et l'amandier avec ses écharpes déjà un peu défleuries. Le pin, dépassant tous les autres en grandeur, exigea le plus vaste logement. Il argumenta qu'il ne pouvait pas utiliser une de ces tours comme le cyprès, car il avait besoin d'espace. Le vieux chêne-liège, discret et noueux, arriva en compagnie de son frère, l'immense chêne. Ce dernier n'était pas aussi discret que son frère et, sitôt arrivé, il se mit à faire le malin. «Il suffit de nous regarder et l'on sait immédiatement qui est le roi des arbres». Il ajouta que personne n'avait pareil format et la force nécessaire, qu'il fallait regarder ces deux gringalets de pommier et de poirier pour l'élire illico, lui le chêne, comme roi des arbres. Se sentant au centre des regards, le pommier rougit, alors que le poirier fit mine de rien et s'en alla immédiatement rejoindre le buffet froid. Le cerisier et le noyer étaient également choqués par le comportement du chêne. Le cerisier (vêtu d'une magnifique cape blanche) l'était à tel point qu'un noyau lui resta au fond du cou. Pour terminer, l'olivier fit son entrée, sans histoires, un peu voûté par l'âge. De sa main laborieuse, il salua tous les autres. Seul le chêne ignora la main tendue et continua ses balivernes avec le pin, presque aussi grand que lui. Il affirma que le roi des arbres devait être grand, bien bâti et solidement enraciné. «Comme nous deux» glissa-t-il a l'oreille du pin, mais assez haut pour que les autres puissent l'entendre. «Pourquoi alors sommes-nous invités, si ce grand là-haut sait déjà qu'il sera le roi des arbres?», dit l'acacia à quelques plus petits arbres. «Bien sûr que je sais cela», ricana le chêne «ou alors, désirez-vous, vous les petits nains, devenir roi? Un roi doit être représentatif et qui, sinon le chêne, était davantage destiné à cela?» En parlant, il ferma légèrement ses yeux et passa sur son front une de ses grandes branches. Il fallait bien que quelqu'un se charge de cette tâche difficile et importante. Il jeta à la ronde un regard chargé de responsabilité et reprit sa conversation avec le pin tout en observant du coin de l'œil les réactions des autres.

Droit et debout comme toujours, le cyprès invita les autres participants à la grande table. Pour le vote secret, chacun fut prié de marquer un nom sur une de ses feuilles. Le chêne fut le premier à voter. Il glissa sa feuille dans l'urne en bois à la manière des chefs d'état de nos jours, en savourant cette situation. Les éclairs d'un orage (ou de flashs?) soulignaient l'effet publicitaire du geste. Pour les autres, tout alla plus vite.

Pour terminer, le cyprès s'attela au dépouillement dans une atmosphère tendue. Il lut les bulletins à haute voix: «olivier ... olivier ... olivier ...» Au troisième olivier, une branche du chêne cassa et tomba au sol, écrasant presque le pommier. «Olivier ... olivier ...» Tous votèrent pour l'olivier qui devint le roi des arbres. Un seul bulletin avait élu le chêne.

La nuit d'élection fut joyeuse et longue. De nombreux toasts furent portés à l'olivier si discret, roi des arbres, qui chaque année porte ses fruits précieux pour le bien des hommes. Tous se moquèrent alors du chêne prétentieux. Dès cet instant, il ne produisit plus de fruits pour les hommes, mais pour les cochons.

J'ai repris cette histoire du journal de l'huile d'olive de Tre Mulini. Elle a été publiée par Walter Messner de la ferme pour vacanciers «Le Canne» en Toscane. L'histoire est d'origine italienne, mais son auteur n'est malheureusement pas connu. Cette histoire du roi des arbres m'a tellement plu que j'ai décidé de la publier dans mon livre sur l'olive.

L'OLIVIER – PORTRAIT BOTANIQUE

Dans son livre sur la phytothérapie «Heilpflanzenkunde», Wilhelm Pelikan écrit sur l'olivier:

«Il convient d'approcher l'olivier avec respect. En tant que végétal cultivé depuis des siècles, il est non seulement fournisseur d'aliments, mais également source de guérison, élément substantiel pour des actes cultuels, les sacres des rois ou des prêtres ainsi que l'onction des malades. Il est lui-même le patriarche des arbres. Sous l'ombre légère d'une oliveraie parsemée de rayons lumineux aux reflets argentés, parfois dorés des feuilles, s'installe la solennité et la paix d'un sanctuaire de la nature. Les peuples de la Méditerranée orientale, lieu d'origine de l'olivier, le considéraient comme cadeau divin. Les Grecs en particulier remerciaient la déesse Athéna de leur avoir offert le premier olivier. Dans le passé, il était impensable de commettre le sacrilège d'abattre un olivier.

L'olivier s'empare d'une force inouïe de la terre ferme et dure. Il préfère les collines et montagnes ensoleillées et pierreuses. Ses racines et son tronc sont parsemés de bourgeons au repos lui permettant de rajeunir. Ses branches tombant jusqu'au sol l'aident également à se

propager. Si son vieux tronc se désintègre, se fend comme d'antiques saules ou prend les allures d'une ruine de pierre, au printemps, la jeunesse et la fraîcheur en jaillissent. Les anciennes branches noueuses, même, donnent naissance à de jeunes rameaux verdoyants. L'olivier nous démontre qu'un arbre peut être considéré comme une excroissance de la terre ou, dans notre cas, de la terre dure comme de la pierre.

L'olivier a choisi pour patrie la région méditerranéenne, une région climatique équilibrée, baignant dans une forte clarté et une «chaleur lumineuse» créée par la mer. Mais, par le développement de ses branches, par la forme lancéolée de ses feuilles persistantes, argentées dessous, gris-vert dessus, il se crée lui-même cette atmosphère vitale lumineuse et pleine de chaleur. Il écarte l'ombre et l'humidité. Cela peut s'observer même sur le tronc d'une couleur allant du vert au gris argenté. Comparables à celles du troène, les petites fleurs fragiles d'un jaune blanchâtre apparaissent en grappes dans les axes des feuilles durant les mois d'avril et de mai, c'est-à-dire à la fin du printemps méditerranéen. Ces fleurs dégagent une odeur fine et discrète. Le fruit se développe lentement, comme la prunelle. Durant la maturation, l'arbre dispense toute son énergie aux fruits, car il croît très peu durant cette période. Au temps de la récolte, qui dure de la fin de l'automne à la fin de l'hiver, il ne grandit pratiquement pas. L'olivier concentre toute sa force vers l'intérieur, ce qui lui assure sa longévité. Aujourd'hui, certains des oliviers sous lesquels Jésus s'est promené et recueilli avant sa passion dans le jardin Gethsémani, y sont encore.

L'HABITAT DE L'OLIVIER

Italie

L'Italie est l'un des producteurs d'huile d'olive les plus importants au monde. Du point de vue quantitatif, le pays se retrouve au deuxième rang derrière l'Espagne. L'huile d'olive italienne, particulièrement celle de Toscane, est très appréciée. La Calabre et la Pouille son les principaux producteurs d'huile d'olive.

Tant la situation géographique et climatique des diverses régions de culture sont différentes, tant large et riche est la palette des goûts.

L'huile d'olive de l'Italie du nord provient essentiellement des régions du lac de Garde et de Côme. Malheureusement, bien des domaines dans la région de Côme sont mal soignés. On constate pourtant une prise de conscience de la bonne qualité de l'huile locale, ce qui relance l'entretien des arbres et la reprise de la production. L'huile d'olive du lac de Garde fait également partie des meilleures de l'Italie. Grâce aux fortes variations de température durant l'hiver, la plupart des producteurs peuvent renoncer à l'usage de pesticides et d'insecticides chimiques. En Ligurie, surtout en Levante, on produit également une excellente huile d'olive. En Toscane, les différentes provinces produisent des huiles très différentes. On distingue l'huile d'olive des collines florentines, de la région du Chianti, de la région de Lucca, ainsi que des collines de la région de Livorno et de la Maremma. Le produit de pointe, comme l'huile «Laudemio», provenant des collines centrales de la Toscane autour de Florence, est très apprécié par les connaisseurs et, de ce fait, coûte cher.

L'Ombrie, pour sa multitude de collines boisées, mais aussi pour le grand nombre d'oliviers avec leurs feuilles vert-argent, est désignée comme le «cœur vert» de l'Italie. Elle ne produit cependant que 2% de l'huile d'olive italienne. Dans les Abruzzes, une région charmante avec son climat montagneux et rude, on trouve quelques excellentes huiles d'olive de la qualité vierge extra. La Molise, la plus petite région d'Italie, est souvent oubliée. Les huiles d'olive que l'on y. produit sont très fruitées (Bonefro, de Nicola di Capua).

La Pouille est couverte d'oliviers, ceci à perte de vue. Avec une part de 21% de la production de l'huile d'olive italienne, elle représente la région de production la plus importante. L'huile des Pouilles est souvent vendue dans d'autres régions afin de «rallonger» leurs huiles locales.

Grèce

La Grèce, plus précisément l'île de Crète, est réputée pour ses oliviers. Des connaisseurs prétendent que l'huile d'olive de Crète fait partie des meilleures au monde. La campagne grecque est marquée par l'olivier. Les olives et l'huile d'olive représentent une part importante de la nourriture quotidienne des habitants.

Le Péloponnèse est la région la plus connue. On y produit non seulement des olives pour la fabrication de l'huile, mais également d'excellentes olives alimentaires charnues.

Même si la Grèce est au troisième rang des producteurs d'huile d'olive, on exporte très peu ce produit. La consommation indigène est en effet très élevée et se monte à 20 litres par personne et par an. L'Italie est le plus important client pour l'huile d'olive grecque. Probablement se transforme-t-elle en huile italienne ...

France

C'est dans le Midi que l'on rencontre les premiers oliviers. En Provence, le climat et l'ensoleillement sont idéals. Les oliviers sont en grande partie cultivés par de petites exploitations agricoles qui revendent leur huile aux particuliers ou aux restaurants de la Côte d'Azur. Avec une part de 5% de la production européenne, la Provence occupe une place marginale. Celui qui souhaite acheter de l'huile provençale en profitera lors de ses prochaines vacances dans cette région. On trouve l'huile chez de petits commerçants spécialisés, chez les producteurs ou dans les moulins à huile. Certaines exploitations sont biologiques.

Des huiles de pointe, en partie biologiques, sont produites dans les deux régions AOC, la Vallée des Baux-de-Provence et Nyons.

Espagne

Ces dernières années, on a déploré plusieurs scandales autour de l'huile d'olive en Espagne, ce qui a terni son image. On en a presque oublié que le pays produit aussi d'excellentes huiles d'olive.

L'Andalousie est le principal producteur d'olives. L'olivier apprécie les contrées méridionales de l'Espagne. Néanmoins, la Catalogne produit également une huile d'olive superbe.

De grandes quantités d'huile d'olive espagnole sont toujours exportées vers l'Italie. Par transvasement, cette huile se transforme en huile d'olive toscane tant appréciée. Les moulins à huile français importent des olives espagnoles en grande quantité.

L'HISTOIRE DE L'OLIVIER

«Les Italiens semblent
ne jamais mourir ...
ils consomment de l'huile d'olive
à longueur de journée ...
ceci en est probablement la
raison.» *Wiliam Kennedy*

Il y a 700 ans, l'olivier existait déjà. L'Afrique du nord est probablement son pays d'origine. On y a retrouvé des feuilles d'olivier fossilisées qui dateraient de 5000 ans av. J.C. La Syrie et la Palestine sont également citées comme patrie de l'olivier. D'autres sources parlent de noyaux d'olives retrouvés dans des lieux d'habitation du néolithique supérieur (35000 à 8000 ans av. J.C.). Le fait que l'olivier est l'une des plantes de culture les plus anciennes reste incontesté. Quant à savoir de quelle manière il s'est propagé dans le monde, seuls les dieux doivent avoir la réponse. Un grand nombre de récits nous provient de l'Orient. Sur les îles de la mer Egée et en Asie mineure, la culture de l'olive se pratiquait 2500 ans av. J.C. et on y produisait déjà de l'huile d'olive. Il semble que l'olivier s'y développait sous forme de buisson sauvage et d'arbre.

Dans la culture juive et dans l'ancien Testament, l'arbre à huile jouissait d'une grande renommée. L'huile d'olive était offrande, source de lumière et de chaleur, aliment et produit de soins du corps en un. L'huile utilisée pour les onctions était enrichie par de la myrrhe, de la cannelle, de l'acore et du girofle.

Mais nous retrouvons les traces de l'olive bien plus tôt dans la Bible. Lorsque Noé fit s'envoler pour la seconde fois la colombe, celle-ci s'en retourna avec une branche d'olivier dans le bec. Elle était la messagère indiquant que le ciel s'était calmé et que la pluie avait cessé. Ce rameau d'olivier est également le symbole de la paix. Il signifie l'attachement et la sagesse de Dieu. Le soir avant son calvaire, Jésus se rendit au Mont des oliviers avec ses disciples. Il serait mort sur la croix en bois d'olivier, d'où l'arbre de la croix. Dans ce contexte, l'olivier est aussi appelé arbre de vie et vénéré.

L'olivier était également le symbole de la richesse, de l'abondance et du bonheur. Les souverains des différentes dynasties pratiquaient un intense commerce de l'huile d'olive et les réserves d'huile étaient signe de richesse.

Il y a fort longtemps, l'olivier fut déclaré arbre saint. Il a été dédié à la déesse Athéna. Les oliviers de l'acropole étaient le symbole de la paix et de l'esprit clair. Les vainqueurs des anciens jeux olympiques étaient décorés avec des rameaux d'olivier.

Selon la tradition juive, l'huile de la miséricorde s'écoule d'une graine que Seth avait déposée dans la bouche de son père, Adam. Un olivier se développa à partir de cette graine. Dans l'Egypte ancienne, l'olivier était dédié au dieu Aten.

Les Berbères, les Grecs et les Romains plantaient des oliviers pour vénérer leurs morts. Les autels des Romains étaient en bois d'olivier. Dans l'ancien et le nouveau Testament, l'olivier est cité plus de 200 fois.

Partant de la Crète, l'olivier se répandit environ 500 av. J.C. par l'Italie du sud et Rome à travers toute la région méditerranéenne. Au temps de l'antiquité classique, cet arbre était connu dans toute la région de la Méditerranée. Les navigateurs tels Christophe Colomb l'ont transporté dans le «Nouveau monde».

L'huile d'olive et ses multiples usages

L'huile d'olive a toujours eu de multiples usages. Son utilisation était souvent d'origine religieuse. On en fabriquait des huiles parfumées à des fins rituelles et magiques. Dans le livre sur la magie de l'alimentation, on peut lire que la consommation d'olives et l'usage de l'huile augmentent la spiritualité.

L'olivier chez les Celtes

Dans le calendrier celtique, le 23 septembre est le jour de l'olivier. C'est le jour où jour et nuit sont de même durée. Dans ce contexte, l'olivier est également appelé arbre de la sagesse. Les personnes nées un 23 septembre aspirent à l'harmonie, à la justice et à la beauté. Comme l'olivier, ils s'investissent en faveur de la communauté, reprennent des tâches sans en tirer profit. Le bien-être de leurs compagnons leur tient très à cœur. L'empereur romain Auguste, Romy Schneider et Ray Charles sont nés un 23 septembre, jour de l'olivier.

BOTANIQUE

L'olivier (Olea europaea) peut atteindre un âge de 1500 à 2000 ans. Les huit oliviers du jardin de Gethsémani à Jérusalem, où Jésus pria, comptent environ 2000 ans d'âge. Quel moment émouvant que de pouvoir se tenir sous ces arbres et de ressentir le passé. Avec l'if, l'olivier est l'arbre pouvant devenir le plus vieux en Europe. Il fait partie de la famille des oléacées.

L'olivier est un arbre trapu, courbé, noueux et tordu, pouvant atteindre 20 mètres de haut. Il est plein de grâce et réunit en lui la force des quatre éléments. Fortement enraciné, il ne peut être détruit par les éléments de l'eau, du feu et du soleil. En bref, un champion de la survie. Ses branches très ramifiées se tordent vers le haut, «habillées» de feuilles dures d'un vert bleuâtre et d'un brillant argenté sur la face inférieure. Même si l'arbre est mort à l'intérieur, il continue à développer des branches, ceci à l'instar du châtaignier.

La floraison

L'olivier fleurit durant 60 jours environ. Les petites fleurs sont souvent pollinisées par le vent, rarement par des insectes. Durant 4 à 6 mois, l'olive arrive à maturité. Après une récolte abondante, l'olivier marque une pause. Pourtant, même durant cette année de pause, il porte des fruits.

Un olivier porte des fruits au plus tôt après 15 ans. Ils mûrissent généralement entre octobre et février. Les olives vertes ne sont pas mûres. A pleine maturité, les olives sont noires et fournissent une huile très intense en arôme. Pour cette raison et selon la région, les fruits restent sur l'arbre jusque en février, voire en mars.

Climat et lieu d'implantation

L'olivier se développe très lentement. Il apprécie les sols secs, bien aérés, légèrement sablonneux, riches en calcaire et beaucoup de soleil. L'humidité est son plus grand ennemi.

Généralement, l'olivier supporte très bien le froid. Mais plus la sève est montée, plus le danger de dégâts de gel est grand. Le gel historique de l'hiver 1956 marqua un net recul de la culture de l'olivier en Provence. Depuis, comme un olivier, elle est «repartie de souche», sur les bases d'une culture moderne et rentable. Durant l'hiver 1985, le 90% des oliviers de Toscane ont gelé. Mais l'arbre est étonnamment résistant et reprend toujours vie. Ainsi, les arbres de Toscane ont-ils déjà pu se renouveler un peu.

DU FRUIT À L'HUILE

La récolte

Les olives contiennent 16 à 20 % de graisse. La majeure partie se trouve dans la pulpe du fruit, le reste dans le noyau (graine). Les olives destinées à la production de l'huile sont généralement récoltées peu avant leur maturité totale. Plus les olives sont mûres, plus elles fournissent de l'huile. En revanche, pour la qualité de l'huile, ceci représente plutôt un désavantage: plus les fruits sont mûrs, plus la teneur non désirée en acides gras libres est élevée. L'huile doit mûrir dans la cruche et non sur l'arbre!

Selon la région de culture, la récolte, l'olivade en Provence, a lieu entre fin octobre à début février. Dans beaucoup de régions, elle est restée une affaire de famille. En Toscane, on récolte du début novembre à Noël. La fin de cette époque est souvent marquée par une fête. Ainsi, à Nyons, on célèbre l'Alicoque, la fête de l'olive nouvelle, chaque premier dimanche de février.

Comme la méthode de récolte influence directement la qualité de l'huile, les olives destinées à la production d'huile de haute qualité sont encore toujours récoltées à la main. Le cultivateur enlève les olives des branches au moyen d'un petit râteau en matière synthétique ou en frappant les branches à l'aide d'un bâton. En Provence, à part le gaulage pour les très hauts arbres, on pratique le raclage, où les branches sont raclées à la main, les doigts équipés de «doigtiers». Il existe aussi des machines qui secouent les arbres pour faire tomber les olives. Les olives sont récoltées dans des filets suspendus. Les fruits tombés au sol produisent une qualité d'huile inférieure.

Le moulin à huile

«De l'arbre au moulin», telle est la devise. Plus il s'écoule de temps, plus la part d'acides gras libres dans l'huile pressée

augmente. Une teneur élevée en acides gras libres altère la qualité et le goût. L'idéal est une pression dans les heures qui suivent la récolte, mais au plus tard dans les trois jours. Dans le moulin à huile «I Massi», en Toscane, les olives ne sont acceptées qu'après réservation du temps de pression.

Pour les producteurs d'huile d'olive de haute qualité, un temps de pression court est tout aussi important que des fruits impeccables. Ainsi, dans les régions à oliviers, on rencontrera presque toujours un «Frontaio», un moulin à huile. En Toscane, il en existe plus de 400, dans les Abruzzes plus de 500.

La pression des olives

Au moulin à huile, les olives sont triées. Les feuilles et les olives abîmées sont éliminées. Pourtant, certains producteurs laissent une certaine quantité de feuilles; elles fourniront une belle couleur verte et une légère amertume.

Après le lavage, les fruits sont transformés en pâte. Dans les moulins traditionnels, cette opération se fait à l'aide de meules en granite ou, anciennement, même en calcaire, dans les grands moulins modernes à l'aide de broyeuses (concasseur et lames). Cette masse est étalée sur des nattes, les scourtins, puis soumise à la pression.

Le nombre de moulins à huile utilisant les meules en granite diminue constamment. Afin de réduire la durée et les coûts, la majeure partie des fruits sont concassés et coupés. Le broyage lent par les meules est un avantage pour une bonne qualité d'huile. Malheureusement, des comparaisons qualitatives scientifiques des différentes méthodes de pression manquent. De nos jours, l'huile d'olive est essentiellement pressée à froid. Même pressée à froid, elle atteint une température de 36 °C, ceci selon le procédé choisi. Selon les normes en vigueur, elle peut alors toujours être déclarée «pressée à froid».

L'élaboration

Le liquide qui s'écoule au cours de la pression est centrifugé pour séparer l'huile des autres liquides. Anciennement, on utilisait des décanteurs comme on peut encore en admirer au Moulin Ramande à Nyons. Après un temps de repos, on faisait s'écouler l'eau se trouvant au fond du décanteur, les «margines» ou «eaux d'enfer», très acides. Puis on laissait s'écouler les «intermédiaires», mélange d'huile et d'eau émulsionnées, chargés de paillettes dorées. Ce liquide était recueilli dans des cuves intermédiaires et réintroduit dans le circuit de pression. L'huile fraîche doit alors reposer longtemps pour permettre aux résidus de se décanter. Les huiles sont régulièrement transvasées et la «crape» (dépôts de boues huileuses) éliminée. Par la suite et selon la qualité, l'huile est directement mise en récipient ou soumise à une filtration. Les connaisseurs préfèrent l'huile non filtrée.

Les olives très mûres, celles exposées au soleil ou trempées dans l'eau chaude avant la pression, produisent davantage d'huile. Celui qui recourt à de tels procédés s'expose sciemment à subir des pertes en qualité. Malheureusement, ces procédés ne peuvent pratiquement pas être contrôlés. Pour les producteurs de bonne huile d'olive, ces manières frisent l'escroquerie.

LA QUALITÉ

Même parmi les producteurs, la qualité de l'huile d'olive est continuellement une pomme de discorde. Chacun pense que son huile est la meilleure. Un petit producteur qui broie ses olives à la meule de pierre ne jure que par son procédé artisanal traditionnel. Les propriétaires de moulins à huile modernes, en revanche, sont persuadés que la technologie est une garantie pour une meilleure huile d'olive

Il est certain que l'image du moulin à huile traditionnel nous séduit davantage que le pressoir à allure de fabrique moderne. Mais il faut se rendre à l'évidence qu'en industrie agro-alimentaire, la technique ne présente pas uniquement des désavantages. Grâce aux nouvelles méthodes, les fruits peuvent être broyés plus rapidement. Ce qui exerce, selon les producteurs et des analyses, un effet bénéfique sur les acides gras libres.

L'examen organoleptique, l'analyse au goût, est certainement un des meilleurs moyens pour juger plus ou moins objectivement la qualité d'une huile. Mais qui d'entre nous a appris à déguster une huile de façon professionnelle? Vous trouverez plus de détails à ce sujet à la page 44. Je suis d'avis qu'une huile doit convenir au palais et provenir de culture respectant l'environnement. Dans ce cas, elle est de bonne qualité et convient à notre organisme.

Selon nos préférences personnelles, nous optons pour une huile de Toscane, de Crète ou d'Andalousie. Le Français ne jure que par les huiles de Provence. Celui qui adore la Sicile préférera l'huile sicilienne. Chaque région a ses huiles typiques, ce qui est bien.

La pression à froid – un procédé naturel

Pression à froid signifie que les olives sont pressées sans chauffage et sans usage de solvants. Par la pression, les graines oléagineuses comme p. ex. le tournesol, atteignent une température d'environ 50 °C. Pour l'huile d'olive, la température à la pression atteint 30 °C au maximum. Avec une température supérieure, la qualité subit des altérations.

Pour mieux correspondre aux désirs des clients, l'huile pressée à froid peut encore subir des traitements. Ils se limitent au lavage, la décantation (dépôt de la crape), la filtration et éventuellement la centrifugation. Les connaisseurs préfèrent les huiles sans traitement supplémentaire après la pression. Plus la culture aura été «douce» et naturelle, plus la qualité d'huile sera meilleure. On devrait donc presser l'huile de préférence avec des olives de culture biologique.

Selon des recherches effectuées, de nos jours, presque toutes les huiles d'olive sont de première pression à froid. Les termes «première pression» et «pressée à froid» ne sont donc plus tellement des critères de qualité.

L'huile fraîche pique dans la gorge

L'huile d'olive native, fraîche du pressoir, a un goût poivré et pique dans la gorge (en italien: pizzica la gola). Pour les connaisseurs, un signe de fraîcheur et de qualité. L'huile fraîche est d'un goût intense. Elle s'adoucit en reposant. Toutefois, l'année de la récolte joue aussi un rôle. Comme pour le vin, chaque millésime diffère de l'autre. Les producteurs d'olives, quant à eux, prennent leur huile fraîche du pressoir.

La classification commerciale

Sur la base de la teneur en acides gras libres, l'huile d'olive est classée pour le commerce. Selon le degré de qualité, l'huile peut être raffinée. L'UE a émis des directives définissant la pureté de l'huile d'olive. Nouvellement, des contrôles plus stricts ont lieu, même s'il paraît que des lacunes graves existent encore.

La directive de l'UE de juillet 1991

1 huile d'olive vierge extra
2 huile d'olive vierge
3 huile d'olive vierge courante
4 huile d'olive vierge lampante
5 huile d'olive raffinée
6 huile d'olive
7 huile de grignons d'olive brute
8 huile de grignons d'olive raffinée
9 huile de grignons d'olive

Huile d'olive vierge extra

Niveau de qualité supérieur. Plus la température à la pression est basse, plus la valeur de l'huile sera élevée. La part d'acides gras libres est de 1% au plus. L'huile d'olive ayant passé le test de dégustation (page 33) a une teneur en acides gras libres de 0,6% au plus. La teneur en acides est déclarée. A 0,2%, une huile est de très haute qualité.

La qualité de l'huile d'olive dépend avant tout de la variété d'olives, la structure du sol, de climat, du soins apportés aux arbres, du moment de la récolte et de la méthode de pression.

Huile d'olive vierge

La teneur en acides libres est de 2% au maximum. Cette huile est également une qualité de pointe.

Huile d'olive vierge courante

La teneur en acides libres est limitée à 3,3%.

Huile d'olive vierge lampante

Les huiles d'olive présentant un goût désagréable ou les huiles d'olive vierges avec plus de 3,3% d'acides gras doivent être déclarées huiles lampantes.

Huile d'olive raffinée

Obtenue par purification de l'huile vierge. Contient 0,5% d'acides gras libres au plus.

Huile d'olive

Un mélange d'huile vierge et raffinée; ne doit pas contenir d'huile lampante. Un maximum de 1,5% d'acides gras est toléré. Cette qualité est souvent proposée en promotion dans les supermarchés et les grands magasins. L'origine n'est pas déclarée. En cas de fausse déclaration, les producteurs ne courent pratiquement pas de risque d'être poursuivis.

Autres degrés qualitatifs

A ma connaissance, les autres degrés qualitatifs sont sans importance dans le commerce de détail. Souvent, elles sont transformées, p. ex. en savon. Après la pression, on extrait encore une fois de l'huile à l'aide de solvants à partir des grignons. Cette huile devrait être servier dans l'industrie.

Fleur d'huile d'olive

Les olives concassées sont étalées sur des nattes et on laisse s'écouler l'huile sans exercer de pression. Avec ce procédé, le rendement en huile est très faible, ce qui se répercute sur le prix. L'huile de cette qualité est très rare et difficile à obtenir. Son usage est généralement médical.

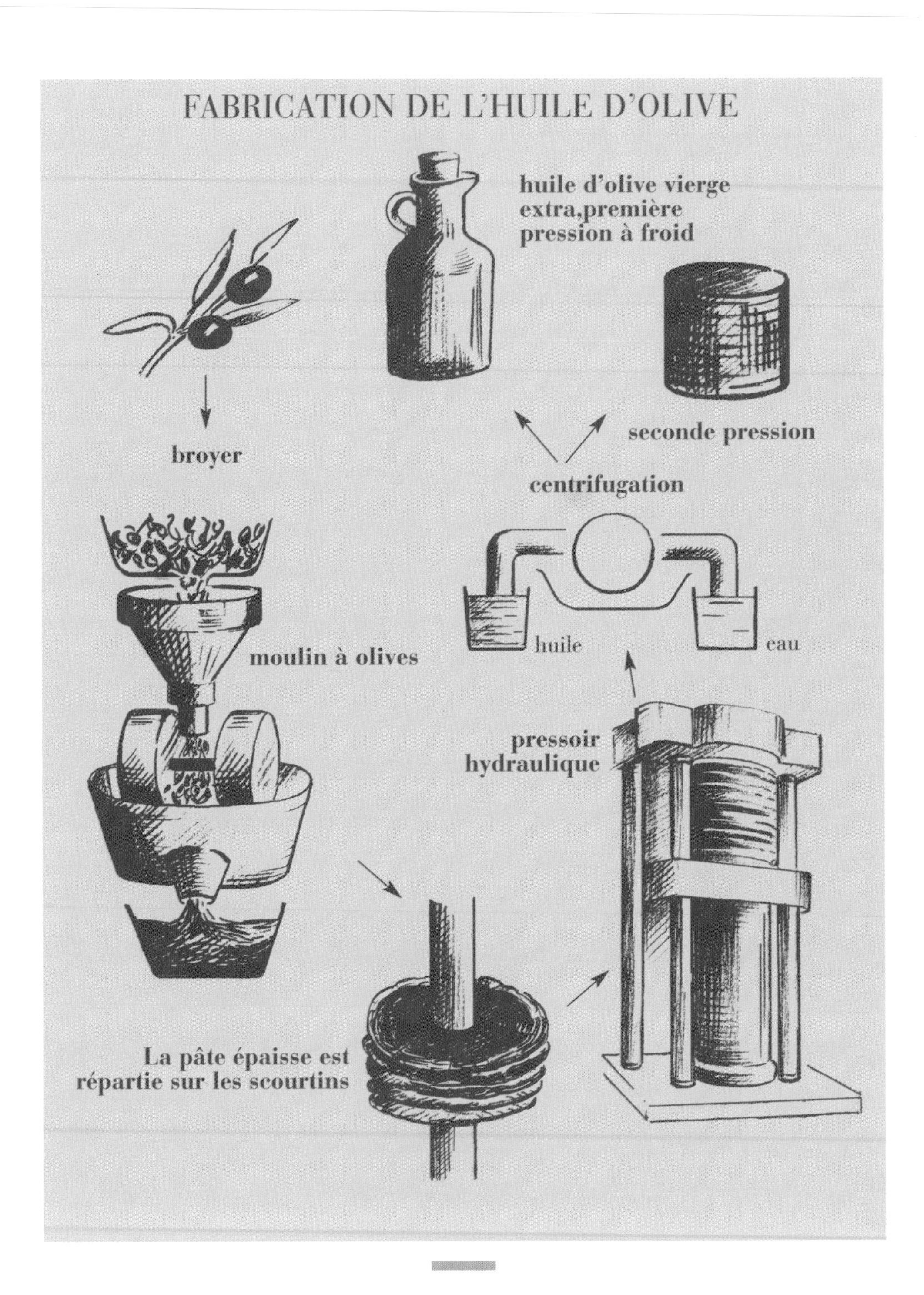
FABRICATION DE L'HUILE D'OLIVE
huile d'olive vierge
extra,première
pression à froid
seconde pression
broyer
centrifugation
moulin à olives
huile
eau
pressoir
hydraulique
La pâte épaisse est
répartie sur les scourtins

Qualité A.O.C. (appellation d'origine contrôlée))

Les connaisseurs d'huile d'olive, tout comme les producteurs d'huile d'olive de haute valeur, sont intéressés par une déclaration de l'emplacement et de la qualité des olives. Les producteurs protègent ainsi leur huile et lui donnent une déclaration de qualité, comme pour les grands vins. D.O.C. signifie «Denominazione di origine controllata». En Italie, cette déclaration est réglée par la loi depuis 1992. Le label de qualité. D.O.C. garantit non seulement le lieu d'origine, mais cette huile vierge extra présente également un très faible taux d'acidité de 0,6% (à la place des 1% normalement admis). Dans un marché où pullulent les moutons noirs, ce sigle de qualité, en plus des garanties existantes des contrôles biologiques, peut être une sécurité supplémentaire pour le consommateur. En France, l'A.O.C. se limite aux huiles de Nyons et de la Vallée des Baux-de-Provence.

Selon des renseignements de spécialistes, la D.O.C. n'est pas assez contrôlée par les organes compétents en Italie. Il serait très important d'y remédier afin d'éviter que tout producteur puisse en abuser. En France, le contrôle stricts des A.O.C. se fait par l'INAO.

Un marché noir florissant

Si l'on songe qu'en 1994 et dans le monde entier on a consommé 155'000 de litres d'huile d'olive de plus que ce qui a été produit, le consommateur devrait rester prudent. C'est un secret de polichinelle que de dire que 50% de l'huile d'olive toscane ne provient pas de cette région, car on n'y produit pas autant d'huile d'olive. Des connaisseurs du milieu m'ont affirmé que les contrôles ont été intensifiés. Mais le marché noir de l'huile d'olive fleurit encore ...

La dégustation – une méthode moderne de contrôle qualitatif

De nos jours, une huile d'olive de qualité irréprochable peut être différenciée d'une huile falsifiée à l'aide d'analyses modernes. Malheureusement, ces essais coûtent très chers. Pour les huiles d'olive biologiques, l'origine et les méthodes de production sont régulièrement contrôlées par des instances indépendantes.

Pour les huiles d'olive vierges extra, il existe depuis 1992 un test gustatif (panel test). Il complète les essais sur la teneur en acide gras libres, laquelle ne doit pas dépasser 0,6% au lieu des 1% tolérés pour les autres qualités. Ce test gustatif rigoureux est fait par 10 dégustateurs professionnels. L'huile qui ne satisfait pas aux critères organoleptiques doit être raffinée. Une directive de l'UE sur la définition d'huile d'olive vierge à l'aide de dégustations est en vigueur depuis 1996.

Nouvelle méthode de pression – meilleure qualité?

Dans la région de l'Ombrie, une entreprise spécialisée dans la production d'huile d'olive et d'autres huiles pressées à froid utilise un nouveau procédé. Certains milieux considèrent cette méthode comme une nouveauté absolue. Mais des voix critiques s'élèvent également.

Cette nouvelle méthode de production diffère au niveau de deux points essentiels des procédés habituels.

Le broyage

Dans des moulins traditionnels, le broyage des olives dure entre 20 et 30 minutes. Comme on ne peut pas éviter le contact de l'air, il y a oxydation. Avec la nouvelle méthode, le broyage très délicat ne dure plus que 30 secondes. Ainsi, l'oxydation des acides gras libres ne peut s'opérer.

La pression

Dans les installations traditionnelles, le pressoir est équipé de nattes synthétiques ou de scourtins. Ces outils sont difficiles à nettoyer et menacent la qualité de l'huile. Avec un nouveau procédé, les olives sont pressées par forte pression dans des cylindres en acier chromé. Le filtre de drainage nécessaire est fait de noyaux d'olives broyés, un bois dur très résistant qui transmet ses propriétés de conservation à l'huile.

Le déroulement du travail

- les olives sont broyées
- la pâte obtenue est homogénéisée
- la pâte d'olive est placée dans le filtre de drainage
- la pâte d'olive est pressée avec 600 bars avec contre pression
- le tourteau est cassé et sélectionné
- l'huile d'olive est centrifugée

Durant la production d'huile, la température mesure 25 °C. Ce procédé se prête également à la production d'huiles de graines oléagineuses où la température en pression à froid monte dans un traitement normal jusqu'à 45 °C.

Le producteur souligne avant tout la rapidité du broyage, ce qui est un net avantage qualitatif. Les constituants de haute valeur restent intacts. Sans perte qualitative, l'huile peut se conserver durant 2 ans. Pourtant, ceci est également valable pour les huiles de qualité de production traditionnelle. Pour les huiles produites par ce nouveau procédé, seuls des fruits et graines de qualité biologique sont utilisés. Ces huiles se trouvent dans le commerce sous la désignation «Crudingo», en particulier dans les magasins d'alimentation diététique et biologique.

L'huile de grande valeur a son prix

Une huile de grande valeur n'est jamais gratuite. Au cours de mes recherches pour ce livre, un producteur d'huile d'olive italien m'a confié qu'un commerçant de gros paie CHF 12.– respectivement FRF 48.– selon la région de production. Ce prix se compose ainsi.

Pour 1 litre d'huile d'olive, il faut 6 à 7 kg d'olives. Pour 1 kg d'olives de culture biologique, le paysan reçoit environ CHF 1.–/FRF 4.–. A quoi s'ajoutent les frais de douane pour l'importation CHF 1.92 (en Suisse, autres pays selon UE). Ce qui nous amène à un prix de CHF 8.92/FRF 35.70. Sans compter le transport et les frais du moulin à huile (par litre environ CHF 2.–/FRF 8.–) ce qui fait déjà plus de CHF 10.–/FRF 40.–. S'ajouteront encore la marge des commerçants de gros et de détail, les frais pour le stockage, le remplissage, la publicité et les salaires à chaque niveau. Le prix de l'huile d'olive dépend également de la quantité produite et de la demande.

La qualité prime sur la quantité

En réfléchissant au prix d'une bonne huile, on devrait toujours se demander combien d'huile on sert pour la cuisine. La qualité devrait primer sur la quantité. Pensez-y: une bonne bouteille de vin a également son prix.

Il convient de penser aux soins intensifs de dizaines d'années qu'exige un olivier avant de porter des fruits. Un olivier porte en moyenne 20 kg d'olives par récolte. Selon le moment de la récolte, on en produira 3,3 à max. 5 litres d'huile. Un cueilleur d'olives expérimenté parvient à récolter 10 kg d'olives au plus par heure. Les soins et la récolte représentent le 80% des coûts de l'huile d'olive. Les olives laissées sur l'arbre jusqu'à ce qu'elles tombent toutes seules ne peuvent pas être utilisées pour la fabrication d'huile vierge extra.

RÉGIONS PRODUCTRICES

On produit en moyenne deux millions de litres d'huile d'olive à travers le monde. Ceci se répartit sur les pays africains pour 200'000 litres, tout le continent américain pour 12'000 litres, la Syrie et la Turquie 200'000 litres et les pays européens France, Italie, Grèce, Portugal et Espagne 1'500'000 litres.

La production se concentre donc sur les pays méditerranéens. L'Italie et l'Espagne sont les plus importants avec chacun entre 500'000 et 600'000 litres d'huile.

Selon les renseignements d'un importateur suisse d'huile d'olive, l'Espagne aurait produit entre 900'000 à 1'000'000 litres d'huile d'olive en 1997.

En Italie, ce chiffre est de 450'000 litres pour 1997, dont 200'000 litres produits par la seule région de la Pouille. On y cultive 45 millions d'oliviers, alors qu'on en estime le nombre à 125 millions pour toute l'Italie. Parmi les pays européens, l'Italie est favorisée par le climat, puisque l'on peut y produire de l'huile d'olive aussi bien au nord qu'au sud du pays. Les régions du centre et du sud de l'Italie restent pourtant les producteurs les plus importants.

L'Italie est non seulement le plus important exportateur d'huile d'olive, mais également le plus grand importateur. Pour la consommation, les Italiens sont à la pointe. Naples et la Toscane sont les plaques tournantes du commerce de l'huile d'olive.

Selon la presse, la Toscane a produit 17'000 litres d'huile d'olive en 1996. En 1997, le rendement était sensiblement moins bon. La Toscane, la Ligurie et l'Ombrie ont une part de 10% environ à la production italienne. Si l'on sait combien les huiles de cette région sont recherchées, il est fort probable que toutes les «huiles toscanes» ne proviennent pas forcément de cette région. On suppose que 50% des huiles sont rallongées à l'aide d'huiles bon marché importées d'Espagne et de Tunisie.

Quelques chiffres

Dans l'UE, 3,3% de toute la surface cultivée est vouée à la production d'huile d'olive. Pour 2 millions de personnes, elle représentait le gagne-pain principal en 1992. En plus, les cultures de l'olivier remplissent une fonction écologique importante. Elles protègent des régions entières de l'érosion des terres. L'olivier n'a pas de grands besoins nutritionnels; il pousse sur des terres maigres et peu propices à d'autres cultures. En particulier dans des régions peu favorisées, il est souvent la seule source de revenu.

Selon l'Institut du monde de l'Olivier à Nyons, dans les régions méridionales de France, une centaine de moulins à huile produisent 5% de la consommation française seulement. Le 2% de cette quantité reste à la disposition des producteurs. Le reste des huiles d'olive consommées en France est importé ou produit à partir d'olives étrangères pressées en France.

LES DIVERSES SORTES D'HUILE D'OLIVE

Dans ce chapitre, je voudrais présenter quelques huiles d'olive recommandées et fournir des informations intéressantes sur les projets les concernant. J'ai surtout pris en compte des huiles d'olive de culture biologique contrôlée. Ce chapitre ne prétend pas être exhaustif.

Comme le maintien et le développement de la fertilité du sol à long terme est au centre de la production biologique, j'ai à cœur de favoriser les produits biologiques. Plus on en sait sur un producteur ou même en le connaissant personnellement, plus on appréciera le produit terminé. Il en va de même pour l'huile d'olive.

Grèce – Kalamata

Les arbres, en partie âgés de plus de cent ans, se développent sur des terrasses pierreuses aux sols très maigres le long de la côte au sud du Péloponnèse. Dans ce paysage montagneux, les arbres puisent les substances nutritives et leur force dans la terre d'argile rouge. Les petits arbres robustes produisent les olives Koroneiki qui fournissent une huile vigoureuse, fruitée.

Le terrain rocailleux ne se prête guère à l'usage de moyens techniques. Les arbres sont soignés à la main et la récolte se fait manuellement. Une fois de plus: mieux vaut un peu moins, mais un peu meilleur. Comme les arbres ne sont pas irrigués artificiellement, l'huile garde son arôme typique. Les plantations sont loin de toute industrie, autoroutes et sites polluants.

Les oliviers du Péloponnèse sont cultivés selon les directives de l'agriculture biologique depuis 1987 et l'huile d'olive est certifiée biologique depuis 1991 («Naturland»). Il s'agit du plus vaste projet de culture biologique en Grèce. Environ 25'000 litres d'huile d'olive sont produits en gros par année, dont la moitié est exportée vers l'Allemagne. Grâce à ce projet, environ 120 familles de petits agriculteurs dans cinq villages de montagne différents ont trouvé du travail.

Les olives sont pressées à 35 °C au maximum. Pour la filtration, on utilise un filtre en coton et l'huile est directement mise en bouteilles. Elle contient moins de 1% d'acides gras libres. Dans différentes compétitions, cette huile a obtenu d'excellentes notes. Dans la revue allemande «Stern», elle a été classée parmi les meilleures huiles d'olive et en 1995, les grands maîtres de la cuisine autrichienne lui ont attribué la première place. Dans une comparaison de la fondation «Warentest» (organisation de protection des consommateurs), elle a obtenu un «très bon» en 1994.

Distribution: Magasins de produits biologiques, magasins diététiques (par Rapunzel)

Italie – Nuovo Cilento

En 1995, les agriculteurs de la coopérative «Nuovo Cilento» à Salerne (Italie du sud), sont passés à la culture biologique avec l'appui du WWF. Le bon écoulement de la production par le canal du WWF encourage les paysans à continuer la voie biologique. Le projet qui touche 140 membres a réussi à redynamiser toute une région auparavant menacée de dépopulation. Aujourd'hui, on y cultive 60'000 oliviers sur 1000 hectares, dont 120 hectares bio. Cette part augmente chaque année.

En octobre, les olives encore vertes sont secouées des arbres à l'aide de tracteurs et recueillies dans des filets. Il ne s'écoule que 6 heures jusqu'à la pression soigneuse dans le moulin. L'huile ne renferme que 0,5% d'acides gras libres.

Pour leur huile d'olive biologique, les agriculteurs obtiennent environ 11'000 Lires (CHF 9.–/FRF 36.–). L'huile conventionnelle rapporte 8'000 Lires.

La moitié environ de la production biologique de 13'000 litres est vendue par le WWF dans ses magasins en Suisse.

Distribution: magasins WWF et vente par correspondance WWF Suisse; magasins de produits biologiques.

Espagne – Nunez de Prado

Ces oliviers poussent à une altitude de 550 m sur mer en Andalousie. Les fruits mûrs sont récoltés à la main entre fin novembre et fin janvier et pressés dans des moulins à huile traditionnels.

Selon Rotraut Degner («Olivenöl», éd. Heyne), «Nunez de Prado» est l'une des 100 meilleures huiles d'olive. La part d'acides gras libres est de 0,2%.

Distribution: Rapunzel

Italie – Bonefro (Nicola di Capua)

La région du village Bonefro se trouve à une altitude de 600 m sur mer. Bonefro se situe dans les Abruzzes, dans la région de Molise. C'est une région italienne formée de collines, boisée, pauvre et presque oubliée. Il n'y a pas d'industrie et, de ce fait, pas de travail.

A Bonefro, l'huile est produite à partir des olives de montagne semi-sauvages. Il s'agit d'une très ancienne variété d'olives non croisées du nom de Nostrana. Cette variété est très solide et résiste au froid. Du fait du climat rude, les parasites ne posent pas de problème. On peut y produire une huile biologique.

Certains oliviers de Nicola di Capua comptent entre quatre à cinq cents années d'âge. Durant la dernière guerre, son père et son oncle ont planté d'autres arbres. Dans les années 80, Nicola a également contribué au rajeunissement de l'oliveraie. Lorsque ses arbres produiront de la meilleure huile d'olive, il sera déjà d'un âge bien avancé. Les oliviers sont toujours plantés pour les descendants.

A Bonefro, la récolte se pratique à la main, peu avant la pleine maturité. Les fruits sont moulus dans les moulins à pierre traditionnels; leur huile est directement mise en bouteille, sans filtration. L'huile de Bonefro est une des meilleures: florale, fruitée, soyeuse et aromatique, avec une élégante touche de noix. Comme j'ai pu lier connaissance avec Nicola et sa partenaire, une merveilleuse cantatrice, je porte cette huile en haute estime et la savoure tout particulièrement.

Spécialités

Huile aromatisée: Pour la production d'huile d'olive al limone, al pampelmo et all'arancia, on ajoute, au cours de la pression, 10% de citron, de pamplemousse ou d'orange de culture biologique. Ainsi, durant cette pression, l'huile est légèrement parfumée. Je ne peux que les recommander aux amateurs de bonne huile d'olive. L'huile aromatisée est idéale pour les carpaccio et autres hors-d'œuvres fins, ainsi que pour aromatiser le poisson grillé.

Fleur d'huile d'olive: Une huile d'olive extrêmement précieuse et chère. Elle est recueillie par écoulement après le broyage des olives. 375 ml de fleur d'olive de Nicola di Capua coûtent CHF 60.–. Cette huile est surtout utilisée comme remède.

Distribution: En Suisse, dans les magasins bio et diététiques ou dans les magasins de comestibles disposant d'un bel assortiment en huiles d'olive. Pour la Suisse et la France: expédition postale par Bonefro, Nicola di Capua, Oberdorfstrasse 32, CH-8424 Embrach/Zurich; tél. 01/865 29 29, FAX 01/865 70 80 (pour l'étranger, préfixe +41 à la place du zéro).

Italie – Crudigno

La maison Chiappini choisit de nouvelles méthodes dans la pression des olives (voir pages 31 à 33) et les commercialise sous la marque «Crudigno», fournisseur «Organic oils».

Distribution: magasins de produits biologiques et diététiques.

Italie – Biocampo

Biocampo offre de l'huile d'olive de culture biologique originaire de diverses provinces italiennes. Les petits moulins à huile sont placés à proximité immédiate des oliviers. L'huile est clarifiée par décantation et embouteillée sans autre traitement. Les huiles Biocampo présentent un faible degré en acides gras libres. Elles se situent largement en dessous de la limite fixée en Italie pour l'huile d'olive «vierge extra».

Ligurie: L'huile d'olive provient des douces collines de la Riviera italienne. Sous les oliviers poussent également bon nombre d'herbes aromatiques. L'huile est d'un jaune léger, à peine trouble et d'un parfum unique. Son goût est légèrement douceâtre et délicat. Elle s'accorde très bien avec des mets dont le goût ne doit pas être masqué par celui de l'huile. Comme elle est très douce, elle convient également aux estomacs sensibles.

Latium: Elle provient des collines du Latium, à proximité de Rome. Une huile vigoureuse, aromatique et délicate. Elle se prête à toutes les préparations, mais avant tout pour les pâtes et les pizzas.

Calabre: Cette huile provient du recoin le plus méridional de la péninsule italienne. Elle est d'un goût vigoureux et nous rappelle des fruits et des amandes; idéale pour la préparation de mets vigoureux.

Sicile: Une huile d'olive de couleur vert clair. Son bouquet et son goût évoquent les amandes et les plantes aromatiques. Les connaisseurs apprécient tout particulièrement cette huile. Elle est le couronnement de tous les mets méditerranéens froids. Convient également pour les salades, les poissons, les légumes et les pizzas.

Ombrie: Produite dans le cœur de l'Etrurie, elle sent l'olive, les amandes et les tomates vertes; un bouquet harmonieux. Idéal pour les mets crus et les spécialités italiennes.

Fleur d'olive de Ligurie: Pour cette qualité, seules 4 des 14 variétés d'olives régionales sont utilisées. L'huile est entreposée quelques jours avant la mise en bouteilles. On la déguste de préférence avec du fromage de chèvre frais, du pain frais et des olives mûres, le tout accompagné d'un bon verre de rouge. Un vrai délice!

Distribution: magasins de produits biologiques, GLOBUS en Suisse.

Comme pour le vin, selon sa provenance, l'huile d'olive naturelle vierge possède son arôme caractéristique qui forme sa propre personnalité. Le consommateur peut ainsi choisir son huile préférée parmi les différentes variantes de goût.

Italie – Tre Mulini

Tout débuta par une bouteille d'huile d'olive. En Toscane, une oliveraie de plusieurs centaines d'année, mais abandonnée, a été réactivée. L'agrandissement et le passage à la production d'huile d'olive biologique furent la naissance de «I Massi», une huile d'olive biologique excellente.

Maremma, «I Massi»: Le domaine d'où provient l'huile d'olive biologique extra vierge se situe dans une région vallonnée typique à la Toscane, au sud de la province de Pise. Les oliviers se trouvent dans un terrain rocailleux. La récolte a lieu fin octobre/début novembre, dès que les fruits prennent leur coloration noire. Les paysans récoltent les fruits à la main et le concassage se fait dans leurs propres moulins selon la méthode ancestrale, à l'aide de meules en granit. L'huile est mise en bouteilles après la décantation, sans filtrage.

Maremma, «Tre Colline»: Cette huile d'olive extra vierge provient également de la province de Pise. Les agriculteurs de trois villages voisins récoltent les variétés Muraiola, Leccino, Frantoia et Pendolino pour être transformées avec ménagement en huile.

Maremma, «Lazzera»: Une huile d'olive vierge extra de la variété Lazzera.

Diffusion:
Tre Mulini GmbH, Sandstrasse 2
CH-8003 Zurich; tél. et FAX 01/461 52 50
magasins de produits biologiques et diététiques suisses.

Italie – Laudemio

En réalité, je pensais me limiter, dans ce chapitre, aux huiles de production biologique. Mais, lorsqu'un ami et fin connaisseur d'huiles m'a offert une bouteille de «Laudemio», mon cœur s'est mis à battre plus vite. L'huile a reposé des jours durant sur la table où j'étais en train d'écrire ce livre. Vous allez sourire, mais cette huile, avec du pain rôti, composait souvent mes petits repas. Voici pourquoi elle est mentionnée ici.

Les huiles Laudemio sont vendues dans des bouteilles au design original. L'huile provient des Colli della Toscana Centrali, une région de collines en zone climatique idéale. Les producteurs s'engagent à se limiter aux meilleures variétés d'olives. Ils sont plus de 30 producteurs, dont quelques coopératives. Chaque bouteille est numérotée. L'huile n'est pas bon marché, mais devrait être un plaisir à s'offrir.

France – Nyons A.O.C.

Les huiles de cette région sont caractérisées par la Tanche, variété d'olives ridées par les petits coups de froid dans cette région de culture de l'olive la plus septentrionale. Moins amère, elle est dite «douce». L'huile est épaisse en consistance, très fine de goût. Certaines cultures sont certifiées biologiques, mais les quantités produites sont si petites que les producteurs préfèrent ne pas être mis en avant. Leurs huiles s'achètent sur place ou dans des magasins spécialisés des grandes villes. Au Moulin Ramade et au Moulin Dozol-Autrand, on travaille à la fois selon la tradition et dans la modernité. C'est-à-dire à la meule ou au broyeur, la pression aux scourtins ou selon la méthode moderne et écologique en chaîne continue. On y produit de l'huile d'olive vierge de Nyons A.O.C. à partir de Tanches, ainsi qu'une qualité fruitée fabriquée à partir d'autres olives françaises (du Vaucluse en grande partie). Ces olives sont pressées sans être tout à fait mûres; l'huile sera plus corsée de par sa teneur en chlorophylle et en fibres. Chez Dozol-Autrand, vous pourrez déguster tant les différentes huiles que les olives de table.

France – Vallée de Baux-en-Provence A.O.C.

L'aire de production se situe dans les Bouches-du-Rhône et comprend des localités célèbres telles, par exemple, Arles, Saint-Rémy-de-Provence ou Tarascon. Les variétés d'olives sont également prescrites: Salonenque, Beruguette, Grossane, Verdale doivent être majoritaires et une quantité minimale de Picholine et de qualités locales sont admises.
Dans cette région, on achète d'excellentes huiles sur place. En revanche, on peut rarement s'en procurer dans d'autres villes, ou alors dans de rares commerces spécialisés.

LA DÉGUSTATION

Seul celui qui connaît l'arôme de son huile d'olive peut s'en servir correctement en cuisine. Bien des personnes, surtout du nord, éprouvent des difficultés à déguster une huile et de transposer leurs sensations gustatives en pratique. Dans les pays méditerranéens, la dégustation et la description d'une huile d'olive font partie de la culture quotidienne.

Ce dont il faut tenir compte

Nous devrions être en bonne santé et nous sentir bien à tous points de vue. Renoncer à boire du café ou à manger avant la dégustation. Renoncer à l'usage de parfums. Les bonbons, la cigarette ou le chewing-gum dénaturent nos sensations gustatives. Déguster de l'huile d'olive, cela signifie plonger dans un des derniers mystères naturels. L'huile nous raconte une histoire, presque un aveu sur toutes ses vertus et péchés. Je vous souhaite beaucoup de plaisir pour une dégustation, peut-être en compagnie de quelques amis.

La pratique

- Avant la dégustation, neutraliser le palais en mangeant une bouchée de pomme.

- L'huile devrait si possible se déguster sans aliments complémentaires. Si cela est trop pénible, essayer avec un peu de pain blanc frais, pauvre en sel. Ainsi le goût sera le moins possible modifié.

- Verser l'huile dans un verre à liqueur ou un petit verre à vin rouge; tenir le verre un moment dans la main pour le chauffer et permettre à l'huile de mieux développer son arôme.

- En premier, déguster avec le nez, puis en prendre une petite gorgée (ou sur du pain) pour l'apprécier par le palais.

- On peut également verser quelques gouttes d'huile sur le dos de la main où elle prend la température, la sentir puis la «laisser fondre» sur la langue.

Déguster avant d'acheter

Cela devrait aller de soi que de pouvoir déguster une bonne huile d'olive avant de l'acheter. Peut-être parviendrai-je à inciter, par mon livre, les vendeurs d'huile à ouvrir un comptoir de dégustation? Les commerces spécialisés en sortiraient gagnants en offrant un tel service. Evidemment, le bon service vient en plus.

Une huile d'olive de valeur n'est jamais grasse sur le palais. Elle donne une sensation de sécheresse et la graisse est immédiatement absorbée par la salive. Ainsi, la crainte d'une sensation de gras au cours d'une dégustation n'est pas fondée.

L'appréciation d'une huile d'olive vierge extra

Positif

Fraîche: L'impression de fruits fraîchement pressés provenant d'une présence modérée d'arômes.

Piquante: Léger picotement normal dans les premiers mois après la pression; disparaît rapidement après déglutition. Cette sensation dénote l'usage de fruits impeccables et sains. Le profane à tendance à avoir un mauvais jugement à cause de ce picotement, pour les Italiens le «pizzica la gola». L'huile qui picote après la pression ne se conserve que 6 mois au plus.

Harmonieuse: Le parfum et le goût sont en équilibre.

Fruitée: Décrit l'ensemble des arômes, intenses et stables durant toute l'année après la pression.

Douce: Typique pour certaines régions de production et variétés d'olives. L'arôme est discret.

Amère: Au fond du palais, l'huile donne une impression d'amertume. Ceci est fréquent au cours des premiers mois après la pression. Si ce goût persiste encore quelques minutes après avoir avalé, c'est négatif. En revanche, si ce goût disparaît rapidement, c'est positif.

Négatif

Rance: Si l'huile présente une odeur désagréable de melon ou de courge mûrs, elle a subi un vieillissement rapide à la suite d'oxydation par la lumière ou la chaleur.

Moisissure: Provient d'un mauvais entreposage des olives avant la pression.

Vase: L'huile a été trop longtemps en contact avec les particules végétales qui s'y sont déposées. Impression de sale.

Disgracieuse: Sensation générale de manque d'harmonie et de pureté. Provient de la pression d'olives différemment mûres et mal entreposées.

Acidulée-fermentée: Provient de la fermentation d'olives entassées avant la pression. Sensation de vinaigre, astringente.

L'arôme et le goût peuvent se modifier

L'huile d'olive est un produit naturel. Comme les bons vins, l'huile varie d'année en année en goût et en arôme. Si l'huile d'olive a toujours le même goût (elles sont nombreuses), il y a eu intervention humaine. Le producteur a assemblé deux ou plusieurs huiles de goût différent et présentant diverses teneurs en acides gras libres. Ainsi, des huiles fades ou trop prononcées peuvent être équilibrées. On ajoute souvent de l'huile d'olive vierge extra aux huiles raffinées pour leur donner le goût typique de l'huile d'olive.

Facteurs qui influencent la qualité

Facteur	%
variété d'olives	20%
maturité des olives	30%
procédé d'extraction/ pression	30%
méthode de récolte (récolte manuelle ou à la machine)	5%
moyens de transports	15%
laps de temps entre récolte et pression, conservation des fruits	10%

Source: MICO, Mouvement International pour la Culture de l'Olive

Multitude d'arômes dans l'huile d'olive

Les arômes apportent un goût typique à chaque aliment. Les substances aromatiques représentent le 1,1% des huiles d'olive vierges extra. Elles se composent essentiellement d'antioxydants et de vitamines. Leur teneur est définie par le climat, la structure du sol, la variété de fruits, la qualité des fruits, le moment de la récolte et la méthode de pression. L'arôme de l'huile d'olive est souvent décrite ainsi: odeur d'herbe fraîchement coupée, tomate, artichaut, amande et pomme.

COMMENT SE SERVIR DE CE BON PRODUIT

Chauffer

Il y a une bonne raison de commencer par ce point précis. Il est reconnu que l'huile pressée à froid est prédestinée à la cuisine froide, puisqu'ainsi elle ne subit aucune modification, ni en ce qui concerne son goût, ni ce qui est de sa composition

Comme l'huile d'olive diffère sensiblement des autres huiles au niveau de l'influence de son chauffage, elle peut très bien être servie pour la cuisine chaude. Grâce à sa forte teneur en acide oléinique, l'huile d'olive est stable à la chaleur et, contrairement aux autres huiles pressées à froid, ne produit pas de dérivés nocifs. Ainsi, l'huile d'olive se prête très bien pour frire ou cuire et, exceptionnellement, même à la friture. Du fait de la composition idéale en acides gras et de la teneur élevée en vitamine E, des modifications négatives ne doivent pas être attendues, même à des températures élevées (200 °C). Même après chauffage répété, il ne se forme pratiquement pas de substances d'oxydation. Il y tout de même une restriction. Il est dommage d'utiliser de l'huile vierge extra et vierge pour la friture. Il s'agit de trouver le chemin du milieu en cuisine. On ne devrait utiliser ni une huile de grande classe ni une huile de moindre qualité (raffinée). Celui qui trouve dommage d'utiliser de l'huile précieuse pour la cuisine chaude, l'utilisera pour aromatiser les mets déjà cuits à l'aide de quelques gouttes d'huile d'olive de qualité.

Le choix de la bonne huile

Comme toutes les huiles d'olive vierges extra ont leur propre arôme selon l'origine, on devrait en tenir compte en cuisine.

- Les huiles légères sont idéales pour les salades légères, la préparation d'une mayonnaise ou de sauces fines.
- Les huiles vigoureuses s'accordent bien aux pâtes, viandes et poissons, ainsi qu'aux fameuses bruschetta, du pain de campagne grillé avec des tomates et de l'huile d'olive.
- Les huiles légèrement douces conviennent pour étuver et cuire les légumes, les tomates et pour les grillades.
- Les fleurs d'huile d'olive sont le petit plus idéal pour les carpaccio de viande ou de légumes ainsi que les mets de poissons.

Mais le choix définitif de l'huile reste l'affaire de la cuisinière ou du chef de cuisine. Plus on travaillera avec les différentes huiles, plus on développera son doigté. Le mordu d'huiles d'olive pourra toujours faire son choix. On ne boit pas non plus le même vin avec tous les mets.

La conservation et le stockage

L'huile d'olive est conservée à l'abri de la lumière, debout, dans des bouteilles foncées ou dans des bidons. La température idéale se situe entre 14 et 16 °C, mais au maximum 20 °C. Ne pas conserver l'huile d'olive au réfrigérateur, car elle floconne et doit reprendre la température ambiante avant chaque usage.

L'huile d'olive vierge extra de bonne qualité se conserve au minimum 12 mois après le remplissage. En Italie, la loi prescrit une conservation minimale de 18 mois. Une bonne huile d'olive peut se garder sans autre durant 2 ans après sa production. J'ai eu l'occasion de déguster une huile vieille de quatre ans qui était sans reproches. La durée de conservation possible dépend fortement de la maturité des fruits et de la pression optimale. Moins la teneur en acides gras libres est élevée, plus la conservation de l'huile est meilleure à une température ambiante de 15 °C.

Une bouteille en verre foncé et une fermeture en liège naturel sont les meilleurs moyens de conservation d'huile d'olive de qualité. Dans des tests de qualité, on a constaté à plusieurs reprises que les huiles en verre clair subissaient une altération par l'effet de la lumière. Les récipients en matières synthétiques ne conviennent pas.

Une fois ouvertes, les bouteilles devraient être fermées immédiatement après usage. Ainsi, on protège l'huile de la perte d'arôme et de goût ainsi que des odeurs étrangères.

L'achat est une question de confiance

On achètera une bonne huile d'olive dans un magasin spécialisé de préférence. L'idéal est de pouvoir déguster les différentes huiles.

L'étiquette devrait comprendre les informations suivantes.

Mentions impératives

- Contenu, p. ex. huile d'olive vierge extra;
- producteur ou entreprise de remplissage (en Italie, la loi prescrit la mention de l'entreprise chargée de la mise en emballage);
- contenu net;
- date limite de consommation.

Mentions recommandées

- Mode de conservation;
- année de production;
- origine;
- variété d'olives;
- méthode de culture (p. ex. de culture biologique);
- méthode de récolte (p. ex. cueillies à la main); sans mention, les fruits ont été cueillis à la machine;
- procédé d'extraction (p. ex. pressée à froid, première pression etc.);
- description gustative;
- usages.

L'OLIVE COMESTIBLE

Généralement, l'olive destinée à la consommation ne diffère de l'olive à huile que par sa taille. Selon l'élaboration, elle est cueillie verte non mûre, ou noire à l'état mûr. Sans traitement préalable, l'olive fraîche n'est pas comestible. Elle contient des principes amers qui sont éliminés par trempage prolongé dans l'eau ou une solution de vinaigre et de sel.

Selon les entreprises, les olives sont préparées différemment. Souvent, les fruits sont placés dans une solution saline (saumure) ou durant 24 heures dans du sel marin. Puis, on pratique une entaille et on les dépose dans une solution de sel et de vinaigre ou dans de l'eau pure pour éliminer l'amertume. Les solutions doivent être renouvelées tous les 15 jours. Les olives subissent une fermentation. Une fois l'amertume éliminée, les olives sont assaisonnées à l'aide d'herbes aromatique, d'ail ou de poivre et placées dans de l'huile d'olive de qualité. Une conservation dans de l'eau salée est également possible.

La manière populaire d'éliminer l'amertume est de verser les olives dans une solution de soude. Ensuite, les fruits sont lavés, macérés dans de l'huile d'olive et des épices, selon les goûts, ceci durant quelques mois et jusqu'à une année dans des cruches en terre cuite ou des récipients en plastique. Ces olives contiennent souvent des agents conservateurs et même des colorants. L'achat d'olives biologiques est toujours préférable.

Les olives comestibles portent généralement le nom de leur origine. Il existe des centaines de variétés d'olives. Certains prétendent que les olives italiennes et grecques sont les meilleures. Mais, la France et l'Espagne offrent également d'excellentes olives comestibles. Une variété très connue et appréciée provient de la région grecque de Kalamata. Mentionnons également les spécialités provenant de Nice ou de Salon-de-Provence par exemple.

Les constituants

environ 1/3 d'eau
environ 1/4 de graisse
peu de protéines
petites quantités de calcium, phosphore, potassium et magnésium
traces de zinc, cuivre et manganèse
sels minéraux

Conserver des olives

Si vous souhaitez conserver des olives achetées dans de l'eau salée, versez-les dans un pot en terre cuite muni d'un couvercle et recouvrez-les d'huile d'olive; elles se conserveront un temps prolongé à température normale. Une adjonction d'ail, de poivrons et de plantes aromatiques apporteront un parfum supplémentaire. Laisser macérer au moins 2 à 3 semaines.

Je me suis procuré un beau pot en terre sur un marché du sud de la France. J'y conserve un mélange d'olives les plus diverses que je sers avec l'apéritif.

Dénoyauter les olives

Le meilleur moyen est d'utiliser un appareil à dénoyauter les olives comme on en trouve en France et en Italie. Pour les grandes olives, on peut se servir d'un appareil destiné à dénoyauter les cerises.

Selon leur provenance, les olives noires peuvent très bien être dénoyautées à la main à l'aide d'un couteau de cuisine.

En revanche, cette opération est pénible pour les olives vertes, puisqu'elles ne sont pas encore mûres et que la pulpe se défait difficilement du noyau.

RECETTES

PLEUROTES À LA PROVENÇALE

- 350 g de tomates
- 400 g de pleurotes à coquille
- 3 CS d'huile d'olive vierge extra
- 2 gousses d'ail hachées fin
- 2 oignons hachés fin
- 1 CC herbes de Provence
- 250 ml/2,5 dl de vin blanc ou bouillon végétal
- 1 CC de vinaigre de vin rouge
- sel marin
- poivre du moulin
- 2 CS de persil haché fin

1. Tailler en croix le sommet des tomates, les plonger dans l'eau à l'aide d'une passoire, jusqu'à ce que la peau se détache. Peler les tomates, éliminer la tige et les couper en dés.

2. Nettoyer les pleurotes et les couper en lamelles.

3. Faire revenir l'oignon, l'ail et les tomates dans l'huile d'olive. Ajouter le mélange d'herbes provençales et laisser mijoter 3 minutes. Ajouter les pleurotes, le vin blanc et le vinaigre, faire bouillir et laisser mijoter à petit feu durant 10 minutes. Assaisonner avec le sel et le poivre, ajouter le persil.

Conseil: servir comme entrée chaude.

SALADE TOSCANE AU PAIN

- 800 g de pain rassis blanc ou bis
- 3 oignons rouges, en tranches fines
- 2 gousses d'ail hachées fin
- 500 g de tomates

Sauce
- 1 CS vinaigre de vin rouge ou balsamico
- poivre du moulin
- sel aux herbes
- 6 CS d'huile d'olive vierge extra
- beaucoup de persil et de basilic frais

1. Couper le pain en tranches et tremper dans de l'eau durant 5 minutes; bien essorer et défaire à la fourchette.

2. Selon la taille, couper les tomates en 4 ou en 8, enlever la tige, hacher finement le persil, couper le basilic en lamelles.

3. Mélanger le pain, les oignons et l'ail avec la sauce. Laisser tirer 15 minutes. Servir avec les tomates, directement sur les assiettes.

Illustration du haut:
Pleurotes à la provençale
Illustration du bas:
Salade toscane au pain

SALADE DE FRUITS DE MER AUX OLIVES ET RUCOLA

- 400 g de fruits de mer assortis
- 400 g de poisson restant ferme, p. ex. St. Pierre ou loup de mer, coupé en dés
- 50 g d'olives noires dénoyautées
- 1 poivron de chaque couleur, rouge et jaune
- 2 tomates moyennes
- un peu de céleri en branche
- 50 g de rucola

Sauce
- 1 jus de citron
- 1/2 CS de balsamico
- sel marin
- poivre du moulin
- 6 CS huile d'olive vierge extra
- 1 gousse d'ail

1. Cuire à la vapeur les fruits de mer et les carrés de poisson durant 5 à 10 minutes; laisser refroidir.

2. Partager les poivrons, éliminer tiges et pépins et couper en carrés. Couper les tomates en 4 ou 8. Couper le céleri en branche en morceaux fins.

3. Préparer la sauce et y ajouter l'ail pressé.

4. Mélanger tous les ingrédients à la sauce, sauf la rucola. Laisser mariner un certain temps.

5. Ajouter le rucola finement coupé avant de servir.

Illustration arrière plan:
Fruits de mer à la Grecque,
recette page 70
Illustration premier plan:
Salade de fruits de mer aux olives et rucola

SALADE DOUCE AUX ORANGES «NICOLA»

- 4 oranges douces
- 1 à 2 CS de miel d'acacia
- 1 à 2 CS huile d'olive vierge extra

1. Peler les oranges à l'aide d'un grand couteau et enlever la peau blanche. Couper les fruits de travers, en fines tranches, enlever les pépins et partager les tranches.

2. Répartir les tranches d'orange sur les assiettes, badigeonner avec le miel et verser l'huile d'olive. Mariner 10 minutes.

Conseil: servir comme dessert.

SALADE DE PISSENLITS AUX CROÛTONS À L'AIL

- 4 poignées de jeunes feuilles de pissenlit ou de rucola
- 1 échalote hachée fin

Sauce
- 2 CS vinaigre de pomme ou de vin blanc
- sel marin
- poivre du moulin
- 4 CS d'huile d'olive vierge extra

Croûtons
- 2 tranches de pain toast complet
- 2 CS d'huile d'olive vierge extra
- 2 gousses d'ail

1. Bien laver les pissenlits.

2. Mélanger les ingrédients pour la vinaigrette.

3. Enlever le bord du pain grillé et couper la mie en petits dés. Griller lentement ces derniers dans l'huile d'olive avec l'ail pressé.

4. Préparer la salade en la mélangeant avec la sauce; verser les croûtons par dessus.

Conseil: mélanger une poignée d'olives noires à la salade. Décorer à volonté à l'aide d'olives. Du fromage de chèvre frais est un complément idéal.

SALADE PAYSANNE GRECQUE

- 2 poivrons, 1 verts et 1 rouge (peperoni)
- 4 tomates
- 1 concombre frais
- 2 branches de céleri en branches
- 2 petits oignons
- 200 g de fromage de brebis grec
- 100 g d'olives noires

Sauce
- 2 CS de vinaigre de vin blanc ou jus de citron
- sel marin
- poivre du moulin
- origan
- 4 à 6 CS d'huile d'olive vierge extra

1. Partager les poivrons, ôter la tige et les pépins. Couper en carrés. Couper les tomates en quatre. Couper le concombre en tranches, sans le peler. Emincer les oignons en tranches fines.

2. Mélanger les légumes préparés et les oignons à la sauce.

3. Répartir la salade sur les assiettes et garnir avec les olives et la feta.

Conseil: pour un repas estival léger, servir avec une fugace au romarin (page 99) ou une bruschetta (page 102).

CARPACCIO DE FENOUIL

- 2 fenouils
- 1/2 citron, jus
- 5 CS huile d'olive vierge extra
- sel marin

1. Couper les fenouils entiers en tranches fines et en travers; les présenter sur un plat. Arroser avec le jus de citron et l'huile d'olive. Assaisonner avec un peu de sel.

Illustration «Salade paysanne grecque», page 96 à gauche

SALADE PIQUANTE AUX ORANGES ET OLIVES

- 4 oranges douces
- 10 olives noires dénoyautées
- 100 g de mozzarelle, de préférence de lait de bufflonne, coupée en petits dés
- poivre du moulin
- 1 pincée de sel
- 2 CS d'huile d'olive vierge extra

1. Peler et bien éliminer la peau blanche des oranges. Couper les fruits de travers en fines tranches, éliminer les pépins et présenter sur les assiettes. Partager les olives et les répartir sur les oranges avec les dés de mozzarelle. Verser l'huile d'olive par dessus.

Variante: les oranges peuvent très bien être remplacées par des citrons.

Illustration page 63

Illustration:
Crudités avec dip aux olives et piment.

CRUDITÉS AVEC DIP AUX OLIVES ET PIMENT

- Crudités
  céleri en branches, poivrons coupés en tranches, tranches ou bâtonnets de courgettes, carottes coupées en long, tranches de concombre, olives noires et vertes, tomates

Dip aux olives et piment

- 1 poivron rouge ou vert
- 100 g d'olives noires dénoyautées
- 50 ml/0,5 dl d'huile d'olive vierge extra
- 1 CS de jus de citron
- 1 CS de basilic haché
- poivre du moulin
- sel marin

1. Partager le poivron, éliminer la tige et les pépins, couper en petits dés.

2. A l'aide du mixer, transformer tous les ingrédients du dip en pâte homogène. Ajouter de l'huile d'olive jusqu'à obtention de la consistance désirée.

Conseil: servir avec une fugace au romarin (page 99). Un pain aux olives, pain paysan ou une baguette s'accordent également très bien.

SALADE DE BOLETS ET FENOUIL

- 1 grand fenouil
- 200 g de bolets
- 2 CS d'huile d'olive vierge extra
- 1 gousse d'ail
- sel marin
- poivre du moulin
- balsamico
- huile d'olive vierge extra pour verser par dessus
- cerfeuil haché

1. Râper finement le fenouil au rabot à légumes; répartir sur 4 assiettes.

2. Nettoyer les bolets à l'aide d'un chiffon sec ou légèrement humide; les couper en tranches. Chauffer une poêle à frire non adhésive et y ajouter l'huile et les bolets. Cuire durant 4 à 5 minutes en remuant constamment. Ajouter l'ail pressé. Assaisonner légèrement avec du sel et du poivre. Asperger d'huile d'olive et de balsamico. Garnir avec le cerfeuil haché.

Illustration: salade aux bolets et fenouil

CRUDITÉS VÉGÉTALES À L'ITALIENNE

- 1 fenouil
- 2 poivrons, 1 rouge et 1 vert
- 1 courgette moyenne ou 2 petites
- 2 tomates
- 1 petit radicchio/cicorino rosso
- 2 branches de céleri en branches

Sauce
- 4 à 5 CS de vinaigre de pommes ou 3 CS de chaque vinaigre, aux herbes et de pommes
- 8 à 10 CS d'huile d'olive vierge extra
- sel marin
- poivre du moulin

1. Partager le fenouil en long et le couper en travers en fines tranches. Partager les poivrons, éliminer la tige et les pépins et couper en bandes fines. Couper les tomates en quatre. Décomposer le radicchio en feuilles.

2. Présenter les légumes sur un plat. Servir la sauce à part.

Conseil: Servir avec bruschetta (page 102)

SALADE PAYSANNE FRANÇAISE

- 250 g de haricots verts
- 2 œufs frais
- 1 salade pommée
- 3 poivrons, 1 vert, 1 rouge et 1 jaune
- 1 grand oignon rouge
- 4 tomates moyennes
- 8 cœurs d'artichauts macérés dans l'huile
- 200 g d'olives noires et vertes, éventuellement dénoyautées
- 6 filets d'anchois hachés
- 1 boîte de thon, défait

Sauce
- 2 à 4 CS de vinaigre de vin rouge
- sel marin
- poivre du moulin
- 6 à 8 CS d'huile d'olive vierge extra
- basilic coupé fin
- persil haché fin
- 2 gousses d'ail

1. Nettoyer les haricots et les cuire à la vapeur en les laissant croquants. Les passer sous l'eau froide. Couper les œufs durs en quatre. Couper les tomates en huit. Défaire la salade pommée et couper les feuilles en tranches. Partager les poivrons, éliminer la tige et les pépins et couper en lamelles. Couper les oignons en fines rondelles.

2. Pour la sauce, mélanger le vinaigre, le sel, le poivre et l'huile d'olive. Ajouter les herbes aromatiques et l'ail pressé.

3. Mélanger les haricots, la salade pommée, les poivrons, les oignons, les anchois et le thon à la sauce.

4. Présenter la salade sur les assiettes, garnir avec les œufs, les tomates les cœurs d'artichauts et les olives.

Illustration du haut:
Salade piquante aux oranges et olives, *recette page 59*
Illustration du bas:
Salade paysanne française

GOUSSES D'AIL À L'HUILE D'OLIVE

- 20 grandes gousses d'ail

- vinaigre de pomme
- huile d'olive vierge extra
- sel marin
- poivre du moulin
- origan séché

1. Peler les gousses d'ail et les blanchir durant 2 minutes dans l'eau salée. Vider l'eau et laisser sécher les gousses.

2. Pour macérer, préparer un mélange de 1/3 de vinaigre et 2/3 d'huile d'olive. Assaisonner avec du sel, du poivre du moulin et de l'origan séché. Laisser macérer l'ail durant 5 jours au moins.

Conseil: servir avec la raclette, les entrées ou les salades.

AUBERGINES GRILLÉES AUX HERBES

- 2 aubergines moyennes (env. 500 g)
- sel marin
- 1 poignée d'herbes aromatiques fraîches, p. ex. origan, persil, basilic
- 3 gousses d'ail
- 6 à 8 CS d'huile d'olive vierge extra
- env. 3 CS de balsamico
- poivre du moulin

1. Eliminer les deux extrémités des aubergines. Couper les fruits en longueur, en tranches de 5 mm d'épaisseur et les déposer sur un linge sec. Saupoudrer d'un peu de sel et laisser tirer 10 minutes.

2. Hacher finement l'ail et les herbes aromatiques.

3. Sécher les tranches d'aubergines et les faire griller des deux côtés avec l'huile d'olive dans une poêle antiadhésive. Laisser égoutter dans une passoire.

4. Présenter les aubergines sur un plat, assaisonner avec le balsamico, l'huile d'olive et le poivre. Répandre les herbes aromatiques et l'ail par dessus.

Conseil: servir comme entrée ou un buffet froid.

CHAMPIGNONS FARCIS AUX HERBES

- 12 grands champignons

- 1 oignon haché fin
- 1 à 2 gousses d'ail
- 4 CS d'huile d'olive vierge extra
- ½ bouquet de basilic haché fin
- ½ bouquet de persil à feuilles lisses haché fin
- thym frais haché fin
- 30 g de pain complet sec écrasé ou d'amandes râpées
- sel marin aux herbes
- poivre du moulin

1. Nettoyer les champignons à l'aide d'un chiffon sec (ne pas laver si possible). Eliminer les tiges et les utiliser pour un potage. Placer les chapeaux des champignons dans un plat à gratin huilé.

2. Pour la farce, faire revenir l'oignon et l'ail pressé dans l'huile d'olive. Ajouter les herbes et laisser rapidement étuver. Ajouter les miettes de pain, assaisonner et farcir les champignons.

3. Cuire les champignons farcis au four à 220 °C, durant 15 à 20 minutes.

Conseil: accompagnés de riz complet et de salade verte, les champignons font un repas complet pour 2 personnes.

CONCOMBRES FARCIS AU FROMAGE DE CHÈVRE

- 2 concombres frais moyens

Farce
- 1 carotte moyenne
- 2 petits fromages de chèvre frais
- 1 CS de yoghourt nature
- thym et ciboulette coupés fin
- huile d'olive vierge extra
- sel marin

1. Peler les concombres, les couper en 4, les partager en longueur, puis les évider (l'on pourra servir la pulpe pour un potage froid).

2. Râper finement la carotte. Ecraser le fromage de chèvre avec une fourchette et faire une pâte avec tous les ingrédients. Affiner à l'aide de l'huile d'olive et de sel marin. Farcir les concombres.

Conseil: servir comme entrée ou, accompagné de pain, comme repas léger les jours d'été.

CROSTINI AVEC TOMATES ET RUCOLA

- 500 g de tomates charnues
- 1 poignée de rucola
- 1/2 bouquet de basilic

- 400 g de pain complet ou bis en tranches
- 3 gousses d'ail
- sel marin aux herbes
- poivre du moulin
- huile d'olive vierge extra

1. Tailler en croix le sommet des tomates. Les plonger dans l'eau à l'aide d'une passoire jusqu'à ce que la peau se détache. Peler les tomates, éliminer la tige et les hacher finement. Laisser égoutter durant 30 minutes et récupérer le jus pour un potage froid.

2. Couper finement la rucola et le basilic, mélanger aux tomates.

3. Frotter les tranches de pain avec l'ail et les dorer au four.

4. Répartir les tomates sur les tranches de pain grillé, assaisonner et arroser d'huile d'olive

PETIT CHÈVRE FRAIS DANS L'HUILE D'OLIVE

- 600 g de fromage de chèvre frais
- olives et plantes aromatiques à volonté
- 1 à 2 gousses d'ail
- 600 à 700 ml/6 à 7 dl d'huile d'olive vierge extra

1. Déposer le fromage, les herbes, les olives et l'ail dans un verre à conserve. Verser de l'huile d'olive pour recouvrir le fromage; laisser mariner durant 2 jours.

Conseil: ce fromage est tellement délicieux qu'il ne reste jamais longtemps. Servir avec de la salade ou des tranches de pain grillé.

Illustration à l'arrière-plan:
Variation de crostinis
Illustration au premier plan:
Chèvre frais à l'huile d'olive

ROULEAUX DE COURGETTES AU PETIT CHÈVRE

- 2 à 3 courgettes

Farce:
- 125 g de fromage de chèvre ou de brebis frais
- 1 gousse d'ail pressée
- 5 feuilles de basilic émincées
- 1 pincée d'écorce de citron râpée
- 5 olives noires ou vertes dénoyautées coupées fin
- poivre du moulin
- sel marin aux herbes

Vinaigrette au citron
- 1 jus de citron
- 1 pincée de sel marin
- poivre du moulin
- 4 CS d'huile d'olive vierge extra

- basilic frais ou fleurs de basilic pour la décoration

1. Couper les courgettes à l'aide du rabot à légumes ou le coupe-pain en tranches longitudinales très fines. Les cuire brièvement à la vapeur.

2. Mélanger tous les ingrédients pour la farce; goûter et assaisonner.

3. Poser la farce sur les tranches de courgettes et les rouler.

Conseil: servir ces rouleaux avec la vinaigrette comme entrée.

Variante: utiliser des tranches d'aubergines.

Illustration du haut: Bateaux de poivrons farcis aux épinards et ricotta (recette page 71)
Illustration du bas: Rouleaux de courgettes au petit chèvre

PURÉE D'AUBERGINES

- 2 aubergines de taille moyenne, env. 700 g
- sel marin
- 2 CS d'huile d'olive vierge extra

- 2 à 3 CS d'huile d'olive vierge extra
- poivre du moulin
- 2 gousses d'ail

1. Oter les deux extrémités des aubergines, couper ces dernières en dés et les déposer dans un plat à gratin. Saler légèrement et y verser l'huile d'olive. Cuire les aubergines au four à 200 °C durant 20 minutes jusqu'à ce qu'elles soient tendres; les retourner de temps en temps.

2. Ecraser les dés d'aubergines à l'aide d'une fourchette ou les passer au mixer. Goûter et assaisonner avec l'huile d'olive, le poivre et l'ail pressé.

Conseil: servir cette purée d'aubergines comme dip, crème à tartiner ou comme entrée avec de la salade et parsemée avec du persil. Accompagne très bien le poisson grillé. La recette originale: les aubergines entières sont déposées à côté du feu où on les laisse environ 40 minutes, jusqu'à ce qu'elles soient bien tendres. Couper les légumes en long, ôter l'intérieur et le déposer dans une écuelle. Assaisonner avec de l'huile d'olive, de l'ail, du sel et un peu de poivre. Ecraser et mélanger le tout avec une fourchette; servir comme antipasto.

FRUITS DE MER À LA GRECQUE

- 600 g de fruits de mer assortis, p. ex. crevettes, langoustines, calamars

Pour paner
- 1 œuf
- 1 gousse d'ail
- feuilles de romarin hachées fin
- thym et sauge hachés fin
- sel marin
- poivre du moulin
- farine intégrale

- huile d'olive vierge, pour frire

Marinade
- 4 à 6 CS d'huile d'olive vierge extra
- 1 à 2 gousses d'ail
- 1 pincée de sel marin

1. Rincer les fruits de mer sous l'eau froide.

2. Battre l'œuf et y ajouter l'ail pressé et les épices.

3. Passer les fruits de mer d'abord dans la farine, puis dans l'œuf. Frire dans l'huile d'olive moyennement chauffée.

Illustration page 55

BATEAUX DE POIVRONS FARCIS AUX ÉPINARDS ET RICOTTA

- 1 CS d'huile d'olive vierge extra
- 1 gousse d'ail
- 1 petit oignon haché fin
- 200 g d'épinards en branches
- 150 g de ricotta italienne ou de séré de lait entier (égoutté)
- sel marin
- poivre du moulin
- 1/2 bouquet de basilic
- 4 poivrons, 2 jaunes et 2 rouges

Garniture
- rondelles de citron
- olives noires

1. Faire revenir l'ail et les oignons hachés dans l'huile d'olive. Ajouter les épinards bien égouttés. Une fois leur volume diminué, les hacher fin.

2. Mélanger les épinards et la ricotta. Ajouter le sel et le poivre, puis le basilic déjà coupé fin.

3. Partager les poivrons, éliminer les tiges et les pépins. Couper dans la longueur ces moitiés en 4 parts.

4. Déposer la farce dans les «bateaux» de poivron; garnir avec le citron et les olives.

Illustration à la page 69

PLEUROTES À COQUILLE

- 500 g de pleurotes à coquille
- 4 à 5 CS d'huile d'olive vierge extra
- sel marin
- poivre du moulin

1. Nettoyer les pleurotes et les déposer sur une plaque huilée à l'huile d'olive. Assaisonner avec du sel et du poivre, puis asperger d'un peu d'huile d'olive.

2. Cuire environ 30 minutes les champignons au four à 180 °C jusqu'à ce qu'ils soient tendres. Verser de l'huile d'olive fraîche par dessus. Un délice!

Conseil: servir comme entrée.

FEUILLES DE SAUGE EN PÂTE

- 20 à 30 grandes feuilles de sauge

Pâte
- 2 œufs
- 1 CS d'huile d'olive vierge extra
- 1/2 CC de sel marin
- 150 g de farine d'épeautre bise ou intégrale
- 125 ml/2,5 dl d'eau ou de bière

- huile d'olive vierge pour frire

1. Battre les ingrédients jusqu'à ce que la pâte soit lisse; laisser fermenter 15 à 30 minutes.

2. Tremper dans la pâte une à une les feuilles de sauge et les frire dans l'huile d'olive. Saupoudrer d'un peu de sel.

Conseil: servir avec l'apéro ou accompagnées d'un verre de vin.

Variante: à la place de la sauge, utiliser des rondelles de courgette, des champignons entiers, des pleurotes à coquille ou des chanterelles.

ASPERGES FRITES

- 400 à 500 g d'asperges vertes
- 4 CS d'huile d'olive vierge extra
- 4 œufs
- 1 CS de parmesan râpé
- sel marin
- poivre du moulin
- 1 pointe de couteau de poudre de poivre de Cayenne

1. Peler le tiers du bas de l'asperge et couper le fond sec. Couper les asperges en morceaux de 3 cm pour les cuire à petit feu dans l'huile d'olive et dans une casserole antiadhésive.

2. Battre les œufs avec le parmesan, assaisonner. Verser le tout sur les asperges et laisser prendre. Retourner soigneusement et terminer la cuisson.

Conseil: accompagner d'une salade de saison.

Illustration, sur le plat, au premier plan: feuilles de sauge en pâte; sur le plat, au second plan: légumes grillés
Sauce: mayonnaise à l'ail – aïoli (recette page 106)

GRATIN DE COURGES À LA PROVENÇALE

- 1 kg de courge (Muscade de Provence ou Butternut)
- 100 ml/1 dl d'huile d'olive vierge extra
- 1 oignon haché fin
- 1 poivron vert coupé en petits carrés
- 4 tomates pelées, coupées en dés

Appareil
- 2 œufs
- 200 g/2 dl de crème fraîche
- 150 g de parmesan ou de pecorio râpé
- 5 CS de miettes de pain complet
- sel marin aux herbes
- poivre du moulin
- une poignée d'herbes aromatiques fraîches telles thym et romarin, hachées fin
- 50 g d'olives dénoyautées

1. Peler et vider la courge; couper en cubes de taille moyenne. Faire revenir ces derniers dans 2 CS d'huile d'olive et les mettre dans un plat à gratin huilé; saler légèrement.

2. Faire revenir les oignons et les carrés de poivron dans une poêle, dans le reste de l'huile d'olive. Pour terminer, ajouter les dés de tomates, cuire quelques minutes. Mélanger le tout avec les cubes de courge.

3. Battre les œufs et la crème, y ajouter la moitié du fromage, assaisonner avec sel et poivre et verser dans le plat.

4. Mélanger le reste du fromage, les miettes de pain et les herbes et les répartir sur le plat. Décorer avec les olives.

5. Cuire au four préchauffé à 200 °C durant 35 à 45 minutes.

Illustration arrière-plan:
Gratin de courges à la provençale
Illustration premier plan:
Pizza aux champignons avec rucola
(recette page100)

POTÉE TOSCANE AUX HARICOTS

- 250 g de haricots blancs
- 1 CC sel marin

- 1 courgette
- 1 Zucchino
- 2 pommes de terre
- 2 CS d'huile d'olive vierge extra
- sel marin
- poivre du moulin
- 1 branche de thym
- 2 CS concentré de tomates
- 300 ml/3 dl de bouillon de légumes
- 1 gros bouquet de persil haché fin
- 2 CS d'huile d'olive vierge extra

1. Mettre tremper les haricots dans de l'eau froide durant la nuit. Le lendemain, les cuire dans de l'eau fraîche avec le sel, à feu moyen durant 75 minutes environ.

2. Hacher fin les oignons, couper en dés la courgette et les pommes de terre en petits dés.

3. Faire revenir les oignons dans l'huile d'olive. Ajouter la courgette, puis les pommes de terre. Assaisonner avec le sel et du poivre et ajouter les petites feuilles de thym et le concentré de tomates. Verser le bouillon de légumes et faire cuire à feux doux durant 10 minutes. Ajouter les haricots et continuer à cuire jusqu'à ce que les pommes de terre soient cuites.

4. Affiner la potée avec le persil et de l'huile d'olive.

AUBERGINES FARCIES

- 4 aubergines, env. 1 kg
- huile d'olive vierge extra

- 300 g de champignons
- 1 CS d'huile d'olive vierge extra
- 1/2 bouquet de persil à feuilles plates haché fin
- 4 feuilles de menthe poivrée hachée fin
- 1 gousse d'ail
- 2 à 3 œufs
- 50 g de mie de pain défaite
- 75 g d'olives noires dénoyautées
- sel marin
- poivre du moulin
- panure

1. Oter les deux bouts des aubergines, puis les partager en longueur. Tailler la surface intérieure en treillis. Déposer dans un plat à gratin, assaisonner avec un peu de sel et de l'huile d'olive. Cuire 30 à 40 minutes les aubergines au four préchauffé à 200 °C. La pulpe doit être tendre.

2. Faire revenir dans l'huile d'olive les champignons nettoyés et hachés fin jusqu'à disparition de tout liquide. Ajouter les herbes et l'ail pressé.

3. Dégager la pulpe des aubergines sans endommager la peau.

4. Ecraser la pulpe et mélanger aux champignons. Laisser refroidir le tout et ajouter les œufs battus, la mie de pain et les olives. Assaisonner avec sel et poivre. Déposer la masse dans les peaux des aubergines et la presser à l'aide d'une fourchette. Verser un peu d'huile d'olive et saupoudrer avec la panure

5. Cuire 15 à 20 minutes les aubergines au four à 180 °C. Servir chaud.

Conseil: servir avec de la salade ou du riz complet. La sauce au piment (page 109) s'accorde également bien avec ce plat.

POMMES DE TERRE AU LAURIER

- 8 pommes de terre moyennes
- feuilles de laurier fraîches ou séchées
- sel marin aux herbes
- huile d'olive vierge extra
- sel marin aux herbes

1. Peler les pommes de terre et faire une entaille jusqu'à la moitié tous les 1 cm. Casser les feuilles de laurier et les placer dans les entailles. Saupoudrer de sel et arroser d'un peu d'huile d'olive.

2. Cuire les pommes de terre 40 minutes environ au four à 220 °C.

3. Verser un peu d'huile d'olive avant de servir.

Conseil: servir avec de la salade ou des légumes et la sauce au piment (page 109).

Variante: des feuilles de sauge peuvent remplacer le laurier.

Illustration page 108

LOUP DE MER AU FOUR, SAUCE AU CITRON

- 1 loup de mer, env. 800 g préparé
- sel marin
- 3 à 4 branches de romarin
- 2 citrons en tranches
- 2 CS d'huile d'olive vierge extra

Sauce au citron

- 1 jus de citron
- poivre du moulin
- sel marin
- 100 ml/1 dl d'huile d'olive vierge extra
- 2 CS de persil haché

1. Laver le poisson à l'eau courante, intérieur et extérieur. Sécher et saler l'intérieur du poisson et y déposer les aiguilles d'une branche de romarin. Le placer dans un plat thermorésistant, verser un peu d'huile d'olive par dessus et parsemer du reste de romarin et déposer les citrons coupés par dessus. Recouvrir d'une feuille d'alu.

2. Cuire le poisson au four à 180 °C durant 20 minutes. Enlever la feuille alu et cuire encore 5 à 10 minutes.

Servir séparément la sauce au citron.

TERRINE AUX LÉGUMES NAPOLI

- 4 à 5 courgettes moyennes
- 2 CS d'huile d'olive vierge extra
- sel marin
- poivre du moulin

- 400 g d'aubergines
- 3 CS d'huile d'olive vierge extra
- 500 g de poivrons jaunes
- 6 œufs
- 8 grandes feuilles de basilic

1. Oter les deux bouts des courgettes, les couper en fines tranches longitudinales à l'aide d'un rabot. Les cuire rapidement dans l'huile d'olive, dans une poêle ne collant pas. Les étendre sur du papier de ménage, les saler et poivrer.

2. Huiler légèrement une terrine ou un plat thermorésistant long; recouvrir l'intérieur d'une feuille en plastique. Déposer les tranches de courgettes en tuiles, en travers du plat. Mettre de côté 2 tranches pour la couverture.

3. Oter les extrémités des aubergines, les couper en petits dés et les cuire dans l'huile d'olive jusqu'à ce qu'elles soient bien tendres.

4. Griller les poivrons au four le plus chaud possible, jusqu'à ce que la peau forme des cloques. Les sortir et les recouvrir d'une toile humide pour les laisser refroidir. Les peler, les partager, éliminer tiges et pépins et les couper en carrés. Cuire légèrement dans l'huile d'olive.

5. Passer séparément les légumes cuits au mixer avec chaque fois 3 œufs; assaisonner.

6. Verser la purée d'aubergines dans le plat et lisser. Déposer les feuilles de basilic et ajouter la purée de poivrons. Couvrir avec les tranches de courgettes.

7. Placer la terrine dans un grand récipient thermorésistant rempli au 2/3 d'eau chaude. Cuire au bain marie au four préchauffé à 180 °C, 60 à 90 minutes. Tester la consistance.

Conseil: servir la terrine accompagnée d'une sauce tomate froide et de salade. Idéal pour un buffet froid ou comme cadeau lors d'une invitation.

PURÉE DE POMMES DE TERRE AUX OLIVES

- 1 kg de pommes de terre farineuses
- 1/2 litre de lait
- sel marin
- poivre du moulin
- muscade moulue
- huile d'olive vierge extra
- 15 olives noires dénoyautées hachées fin

1. Bien cuire à la vapeur les pommes de terre coupées en cubes.

2. Chauffer le lait. Passer le pommes de terre au passevite et directement dans le lait. Bien remuer. Assaisonner et ajouter un peu d'huile d'olive. Ajouter les olives coupées.

Conseil: servir avec des légumes.

Une recette très aromatique et intéressante de chez «Tre Mulini».

Illustration:
Lotte sur lit d'olives et de légumes

LOTTE SUR LIT D'OLIVES ET DE LÉGUMES

- 10 grandes olives vertes dénoyautées et coupées
- 2 CS pignons de pin hachés
- 2 feuilles de sauge
- 2 CS d'huile d'olive vierge extra
- 800 g de poireaux coupés en tranches
- un peu de persil haché fin

- 600 g de lotte en tranches
- 1/2 jus de citron
- sel marin aux herbes
- poivre du moulin
- 2 CS d'huile d'olive vierge extra

1. Faire revenir les olives, les pignons et la sauge dans l'huile d'olive. Ajouter les poireaux et laisser mijoter. Eventuellement, ajouter un peu d'eau. Ajouter le persil.

2. Faire mariner la lotte quelques minutes avec le jus de citron. Assaisonner avec le sel et le poivre. Cuire 3 à 4 minutes des deux côtés dans l'huile.

3. Servir la lotte avec les légumes sur les assiettes préchauffées.

Conseil: accompagner de riz intégral ou de pommes de terre.

TOMATES FARCIES SICILIENNES

- 4 grandes tomates

- 2 CS d'huile d'olive vierge extra
- 1 oignon haché fin
- 2 gousses d'ail haché fin
- 1/2 bouquet de persil à feuilles lisses haché fin
- 1/2 jus de citron
- 100 g de sardines hachées
- 50 g d'olives noires dénoyautées, coupées en lamelles
- 2 CS de câpres hachés
- 2 CS d'huile d'olive vierge extra
- 4 CS de chàpelure
- 4 CS de parmesan ou pecorino râpé
- sel marin
- poivre du moulin

1. Couper le haut des tomates et les vider soigneusement. Utiliser l'intérieur pour une sauce.

2. Faire revenir les oignons et l'ail dans l'huile d'olive. Ajouter le persil et retirer la casserole du feu, ajouter les autres ingrédients. Goûter et assaisonner avec sel et poivre, puis farcir les tomates avec les ingrédients.

3. Placer les tomates farcies dans un plat thermorésistant huilé. Cuire au four préchauffé à 180 °C durant 30 minutes.

Conseil: servir avec une salade et un risotto.

Illustration en haut:
Peperonata siciliana, (recette page 89)
Illustration en bas:
Tomates farcies siciliennes

LOUP DE MER BRAISÉ

Pour 2 personnes

- 2 loups der mer, 300 à 400 g chacun, prêts à l'emploi
- plantes aromatiques fraîches hachées telles thym, origan, romarin
- 4 tomates moyennes
- 80 g d'olives noires dénoyautées
- 2 gousses d'ail
- 100 ml/1 dl de vin blanc
- 2 CS d'huile d'olive vierge extra
- sel marin

1. Laver le poisson sous l'eau courante, intérieur et extérieur. Sécher et le farcir d'une partie des plantes aromatiques.

2. Au sommet, tailler les tomates en croix. Les plonger dans l'eau à l'aide d'une passoire jusqu'à ce que la peau se détache. Peler les tomates, éliminer la tige et les couper en quatre.

3. Déposer les poissons dans un plat thermorésistant huilé. Ajouter les quarts de tomates, l'ail, les olives et le reste des herbes aromatiques. Verser le vin blanc et l'huile d'olive par dessus. Saler légèrement. Recouvrir le plat d'une feuille d'alu. Cuire au four préchauffé à 220 °C durant 20 minutes. Retourner les poissons à mi-cuisson.

4. Servir le loup de mer sur des assiettes préchauffées. Ajouter les tomates et les olives. Arroser d'un peu d'huile d'olive.

PURÉE DE COURGES À L'HUILE D'OLIVE

- 1 courge ou un potimarron, env. 2 kg
- 4 gousses d'ail
- 7 CS d'huile d'olive vierge extra
- sel marin
- poivre du moulin

1. Couper un couvercle à la courge, sortir les pépins et les fibres. Placer la courge sur une plaque à gâteau et la cuire 30 à 40 minutes dans le four préchauffé à 240 °C, jusqu'à ce que la pulpe soit tendre et sèche; éventuellement prolonger la cuisson. Sortir la pulpe en la raclant.

2. Faire revenir l'ail dans 2 CS d'huile d'olive. Ajouter la pulpe de courge et remuer jusqu'à obtention d'une bouillie épaisse. Affiner avec de l'huile d'olive, poivre et sel.

Conseil: servir la pulpe encore chaude avec du pain grillé ou pour accompagner du poisson ou de la viande. Mais la purée peut aussi être servie comme dip avec des crudités, en l'affinant avec des olives coupées, des dés de poivrons etc.

Illustration:
Loup de mer étuvé

BROCHETTES DE LÉGUMES CRUS

- 1 poivron rouge
- 2 courgettes
- 150 g de fromage au choix, p. ex. chèvre ou mozzarelle
- 1 bouquet de ciboulette
- un peu de thym frais

Sauce

- 2 CS de vinaigre de vin rouge
- 1 CC de moutarde
- 1 CS de Ketchup (facultatif)
- sel marin
- poivre du moulin
- 4 CS d'huile d'olive vierge extra
- 1 gousse d'ail

1. Partager le poivron, éliminer la tige et les pépins. Le couper en carrés. Oter les bouts des courgettes et les couper dans la longueur, en fines tranches. Couper le fromage en dés.

2. Piquer en alternance le poivron, les dés de fromage et les tranches de courgettes sur des brochettes en bois. Saupoudrer de ciboulette et de thym.

3. Pour la sauce, mélanger tous les ingrédients. Ajouter l'ail pressé. Servir séparément.

Conseil: convient pour une soirée de grillades. Accompagner de pain ou de pommes de terre au four.

EVENTAIL D'AUBERGINES AUX TOMATES

- 4 aubergines moyennes
- sel marin
- un bon bouquet d'herbes aromatiques fraîches, p. ex. thym, romarin, basilic
- 4 gousses d'ail
- huile d'olive vierge extra
- 4 tomates moyennes coupées en tranches
- poivre du moulin
- sel marin aux herbes
- 150 g de mozzarelle, en tranches

1. Supprimer les deux bouts des aubergines puis les entailler en longueur afin de pouvoir les écarter en éventail. Saupoudrer de sel et laisser tirer l'eau durant 15 minutes.

2. Hacher fin les herbes aromatiques et l'ail et en préparer une pâte avec de l'huile d'olive.

3. Placer les aubegines dans un plat à gratin et répartir la pâte aux herbes sur les entailles. Placer les tranches de tomates entre les pans des éventails. Aromatiser avec du poivre et du sel aux herbes.

4. Cuire dans le four préchauffé à 200 °C durant 45 minutes, jusqu'à ce que les aubergines soient très tendres. A la fin, faire gratiner à volonté avec des tranches de mozzarelle.

Illustration à la page 93

PEPERONATA SICILIANA

- 3 à 4 poivrons des trois couleurs
- 3 CS d'huile d'olive vierge extra
- 1 oignon haché fin
- 1 gousse d'ail hachée fin
- 4 tomates séchées en petits dés
- 2 CS d'olives noires
- 300 ml/3 dl d'eau
- poivre du moulin
- sel marin aux herbes
- 1/2 bouquet de persil à feuilles lisses, haché fin
- un peu d'huile d'olive vierge extra

1. Partager le poivron, éliminer la tige et les pépins. Couper en carrés.

2. Faire revenir les oignons et l'ail dans l'huile d'olive. Ajouter les poivrons, les tomates et les olives. Mouiller avec l'eau et cuire à feu doux 12 à 15 minutes. Assaisonner avec le sel et le poivre.

3. Juste avant de servir, ajouter le persil. Arroser d'un peu d'huile d'olive.

Conseil: s'accorde très bien avec la polenta, le riz, l'agneau et le poisson.

Illustration à la page 84

COQUELET AU RAGOÛT DE LÉGUMES ET D'OLIVES

- 1 coquelet/poulet d'élevage en plein air
- sel marin
- poivre du moulin
- 1 pointe de piment
- mélange d'herbes de Provence
- 8 CS d'huile d'olive vierge extra
- 1 oignon moyen
- 1 gousse d'ail
- 2 carottes
- 2 poivrons, 1 jaune et 1 vert
- 500 g de pommes de terre nouvelles
- 150 à 200 g d'olives noires
- 200 ml/2 dl de bouillon de légumes ou de vin blanc

1. Couper l'oignon en quatre, hacher l'ail, couper les carottes en rondelles. Partager le poivron, éliminer la tige et les pépins et couper en carrés. Couper les pommes de terre en quatre dans la longueur

2. Mélanger le sel, le poivre et les herbes de Provence à 3 CS d'huile d'olive pour en badigeonner le coquelet. Placer dans un plat thermorésistant et cuire le coquelet au four préchauffé à 180 °C durant 20 à 25 minutes.

3. Faire revenir les oignons, l'ail, les carottes, les poivrons et les pommes de terre dans le reste de l'huile d'olive, puis assaisonner. Ajouter au coquelet avec les olives. Arroser de bouillon ou de vin blanc. Laisser mijoter le tout encore 40 minutes environ, jusqu'à ce que les pommes de terre et les légumes soient cuits.

RISOTTO AUX LÉGUMES ET OLIVES

- 200 g de riz complet rond
- 1/2 l d'eau
- 1 feuille de laurier

Légumes
- 1 oignon
- 1 gousse d'ail
- 2 CS d'huile d'olive vierge extra
- 300 g d'épinards
- 400 g d'asperges vertes
- 200 g de broccolis
- env. 300 g/3 dl de bouillon de légumes
- 12 olives vertes
- sel marin
- Pfeffer aus der Mühle
- un peu de vin blanc
- parmesan fraîchement râpé

1. Porter le riz à ébullition dans l'eau avec la feuille de laurier et laisser mijoter 15 à 20 minutes à feu doux. Laisser gonfler sur la plaque éteinte durant encore 30 à 40 minutes. Retirer la feuille de laurier.

2. Hacher fin l'oignon et l'ail.

3. Etuver les épinards puis les déposer dans une passoire pour les égoutter.

4. Peler le tiers du bas des asperges et éliminer 1 cm du bas. Mettre de côté les pointes de 5 cm de longueur. Couper le reste en petites rondelles. Casser les brocolis en bouquets.

5. Faire revenir l'oignon et l'ail dans l'huile d'olive et ajouter les rondelles d'asperges et les rosettes de brocolis. Ajouter le bouillon de légumes et laisser mijoter 5 minutes. Ajouter les pointes d'asperges et laisser mijoter encore 5 minutes. Y mélanger les épinards, le riz et les olives et amener à ébullition. Goûter et assaisonner avec poivre et sel. Ajouter du bouillon de légumes et du vin blanc afin d'obtenir un risotto bien humide. Affiner avec parmesan et huile d'olive.

Illustration du haut:
Risotto aux légumes et olives
Illustration du bas:
Eventail d'aubergines aux tomates *(recette page 89)*

NOUILLES AUX BROCOLIS ET OLIVES

- 500 g de brocolis
- 350 g de nouilles ou spaghettis
- 1 oignon haché fin
- 1 CS d'huile d'olive vierge extra
- 100 g d'olives noires dénoyautées
- 2 CS de câpres
- sel marin
- poivre du moulin
- 2 CS de persil haché fin
- 2 CS de pecorino râpé

1. Casser les bouquets de brocolis, les cuire brièvement à l'étuvée pour qu'ils restent croquants; rincer à l'eau froide.

2. Cuire les nouilles al dente dans beaucoup d'eau salée. Mélanger à un peu d'huile d'olive.

3. Faire revenir les oignons dans l'huile d'olive, ajouter les brocolis, les olives et les câpres et cuire le tout. Assaisonner avec du poivre et du sel. Ajouter le persil, les nouilles et le pecorino.

Illustration:
Nouilles aux brocolis et olives

SPAGHETTIS À L'AIL ET PEPERONCINI

- 400 à 500 g de spaghettis

- 4 gousses d'ail
- un peu de piments frais
- 8 à 10 CS d'huile d'olive vierge extra
- 1 bouquet de persil à feuilles plates haché fin
- sel marin
- poivre du moulin
- 1 petit piment rouge

1. Hacher finement l'ail. Partager les piments, éliminer les pépins (donne un arôme moins fort) et les couper en tranches.

2. Cuire les spaghettis al dente dans beaucoup d'eau salée.

3. Faire revenir l'ail dans l'huile d'olive modérément chaude. Dès que l'ail devient jaune, ajouter les piments et les faire revenir. Pour terminer, ajouter le persil et assaisonner avec sel et poivre.

4. Mélanger les spaghettis à la sauce et servir immédiatement.

PASTA ALLE RAPE

- 500 g de spaghettis ou de nouilles plates
- 300 à 400 g cima di rapa

- 2 à 4 CS d'huile d'olive vierge extra
- 2 gousses d'ail haché gros
- un peu de piment rouge haché gros
- 200 ml/2 dl de vin blanc ou d'eau de cuisson des pâtes
- sel marin
- poivre du moulin

1. Couper les feuilles de cima di rapa en bandes

2. Cuire les spaghettis dans beaucoup d'eau salée durant 4 minutes. Ajouter les bandes de rapa et continuer de cuire environ 4 minutes, jusqu'à ce que les spaghettis soient al dente. Jeter l'eau.

3. Faire revenir l'ail et les piments hachés dans l'huile d'olive, ajouter le vin blanc ou l'eau des pâtes. Laisser mijoter quelques minutes. Assaisonner avec du sel et du poivre.

4. Ajouter les pâtes et les légumes à la sauce. Servir avec de l'huile d'olive.

Commentaire: un mets d'hiver typiquement italien, simple, délicieux et sain.

Variante: décorer avec des pignons grillés. On peut remplacer les rape par du brocoli.

Information: on peut obtenir les cima di rapa dans les magasins d'alimentation italiens; en Suisse, aussi chez Migros.

Illustration arrière plan:
Salade paysanne grecque
(recette page 57)
Illustration premier plan:
Pasta alle rape

SPAGHETTIS, SAUCE AUX TOMATES CRUES

- 500 g de spaghettis

- 1 kg de tomates charnues
- 2 gousses d'ail haché fin
- 1/2 bouquet de basilic, coupé
- 5 CS d'huile d'olive vierge extra
- 1 CS de pignons de pin
- 100 g de parmesan râpé
- sel marin
- poivre du moulin
- basilic pour décorer

1. Tailler en croix le sommet des tomates. Les plonger dans l'eau à l'aide d'une passoire jusqu'à ce que la peau se détache. Peler les tomates, éliminer la tige et les couper en dés.

2. Mélanger les dés de tomates, l'ail et le basilic avec l'huile. Ajouter les pignons et le parmesan. Assaisonner avec sel et poivre.

3. Cuire les spaghettis al dente dans beaucoup d'eau salée. Laisser refroidir un peu.

4. Mélanger les spaghettis tièdes avec la sauce aux tomates. Garnir avec du basilic et arroser de quelques gouttes d'huile d'olive.

Recette tirée de «Pasta-Saucen» de Yvonne Tempelmann.

PASTA CON PESTO ALLA GENOVESE

- 500 g de nouilles

- 5 gousses d'ail
- 1 poignée de pignons de pin
- 2 bouquets de basilic
- 1/2 CC de sel marin
- 2 CS de parmesan râpé
- 8 CS d'huile d'olive vierge extra

1. Pour le pesto, hacher l'ail et les pignons et les écraser dans un mortier en pierre. Ajouter le basilic coupé et le sel et le piler dans le mortier. Puis ajouter, petit à petit, le fromage et l'huile.

Commentaire: il s'agit de la préparation classique de cette sauce délicieuse appelée pistou dans le Midi de la France. Les personnes pressées peuvent mettre tous les ingrédients dans le mixer pour en faire une purée. Cette méthode fait dresser les cheveux des Italiens.

Conseil: la sauce accompagne très bien les pommes de terre en robe des champs et les légumes. Le pesto se conserve quelques jours au réfrigérateur dans un bocal fermé.

Variante: au printemps, on peut remplacer le basilic par de l'ail des ours. Les feuilles de rucola se prêtent également bien. On peut aussi utiliser moitié basilic, moitié persil.

NOUILLES AUX CHÂTAIGNES À LA SAUCE AUX MORILLES ET RUCOLA.

- 300 g de nouilles aux châtaignes
- 1 CC d'huile d'olive vierge extra

Sauce
- 2 CS d'huile d'olive vierge extra
- 2 gousses d'ail
- 100 g de rucola, coupé fin
- 150 g de morilles fraîches, nettoyées
- 2 CS de pignons de pin
- 150 g de saumon en bandes
- 200 g/2 dl de crème fraîche
- sel marin aux herbes
- poivre du moulin

1. Pour la sauce, faire revenir l'ail pressé dans l'huile d'olive, ajouter les morilles et le rucola et laisser mijoter quelques minutes. Ajouter les pignons, le saumon et la crème. Laisser mijoter jusqu'à ce que la sauce ait atteint la bonne consistance. Assaisonner avec sel et poivre.

2. Faire cuire beaucoup d'eau salée avec l'huile d'olive et cuire les nouilles al dente.

3. Mélanger la sauce et les nouilles. Servir sur les assiettes chaudes.

FUGACES AU ROMARIN

- 600 g de farine d'épeautre intégrale
- 1 CC de sel marin
- 40 g de levure fraîche (1 cube)
- 450 ml/4,5 dl d'eau tiède
- 2 CS d'huile d'olive vierge extra
- aiguilles de romarin
- sel marin

1. Verser la farine en montagne sur la table et y faire une fontaine. Verser le sel sur le bord. Emietter la levure et déposer dans la fontaine. Ajouter l'eau petit à petit en mélangeant toujours un peu de farine. Assembler le tout et ajouter l'huile d'olive. Pétrir la pâte durant 10 minutes à la main, déposer dans une écuelle et recouvrir d'un linge humide. Laisser monter 1 heure.

2. Couper la pâte en portions et former à la main les fugaces de 5 mm d'épaisseur. Saupoudrer de sel et d'aiguilles de romarin.

3. Cuire au four préchauffé à 250 °C durant 5 à 8 minutes. Asperger de quelques gouttes d'huile d'olive.

Variantes: en préparant la pâte, ajouter quelques olives vertes ou/et noires hachées fin. Saupoudrer de gros sel avant la cuisson. Au lieu de former des fugaces, on peut en faire des petits pains ou servir la pâte pour des pizzas.

Illustration à la page 101

PIZZA AUX BOLETS AVEC RUCOLA

Pour 2 pizzas

Pâte à pizza

- 350 g de farine d'épeautre bise
- 1/2 CC de sel marin
- env. 250 ml/2,5 dl d'eau tiède
- 40 g de levure fraîche (1 cube)
- 1 CS d'huile d'olive vierge extra

Ingrédients

- 400 g de bolets frais
- 1 CS d'huile d'olive vierge extra
- sel marin
- poivre du moulin
- 1 CS de purée de tomates
- origan
- quelques olives noires dénoyautées
- 1 à 2 tomates moyennes, coupées en tranches
- 150 g de mozzarelle en morceaux
- rucola

1. Pour la pâte, verser la farine en montagne sur la table et y faire une fontaine. Verser le sel sur le bord. Emietter la levure et déposer dans la fontaine. Ajouter l'eau petit à petit en mélangeant toujours un peu de farine. Assembler le tout et ajouter l'huile d'olive. Pétrir la pâte durant 10 minutes à la main, la déposer dans une écuelle et recouvrir d'un linge humide. Laisser monter 1 heure.

2. Pour la garniture, nettoyer les bolets et les couper et fines tranches. Les faire revenir dans l'huile d'olive à grand feu et assaisonner avec sel et poivre.

3. Partager la pâte à pizza et en rouler deux ronds. Déposer ces derniers sur une plaque graissée et recouvrir finement de purée de tomates. Répartir les bolets, saupoudrer d'origan et répartir les olives et la mozzarelle. Assaisonner de sel et de poivre et d'un filet d'huile d'olive.

4. Cuire les pizzas au milieu du four préchauffé à 220 °C durant 15 minutes. Garnir de rucola. Servir avec de l'huile d'olive.

Illustration à la page 74

Illustration:
Fugaces au romarin (recette page 99)

PAIN SICILIEN AUX OLIVES

- 750 g de farine intégrale d'épeautre ou de blé, moulue fin
- 40 g de levure
- 1 CC de miel d'acacia ou de sucre de canne complet
- 150 ml/1,5 dl d'eau tiède
- 500 g de tomates
- 70 ml/0,7 dl d'huile d'olive vierge extra
- 1 oignon haché fin
- 1 CC de sel marin
- 250 g d'olives noires dénoyautées hachées fin

1. Verser la farine dans une écuelle et former une fontaine

2. Dissoudre la levure et le miel dans l'eau tiède et verser dans la fontaine. Ajouter 1 à 2 CS de farine dans le liquide. Recouvrir l'écuelle d'un linge humide et faire monter à un endroit chaud durant 15 minutes.

3. Tailler en croix le sommet des tomates. Les plonger dans l'eau à l'aide d'une passoire jusqu'à ce que la peau se détache. Peler les tomates, éliminer la tige et les couper en dés. Conserver le jus pour une soupe ou un drink.

4. Faire revenir les oignons coupés dans 2 CS d'huile d'olive.

5. Ajouter le sel et l'huile restante à la pâte et assembler le tout. Pétrir à la main durant 10 minutes. Incorporer les tomates et les oignons. Placer la pâte dans l'écuelle, recouvrir d'un linge humide et faire monter durant 30 minutes.

6. Préchauffer le four à 220 °C.

7. Former une miche allongée et la poser sur une plaque graissée. Cuire le pain au milieu du four, 15 minutes à 220 °C puis 30 à 40 minutes à 200 °C

BRUSCHETTA

- Pain blanc, en fines tranches
- huile d'olive vierge extra
- gousse d'ail
- el marin

1. Griller les tranches de pain blanc au four ou au grille-pain.

2. Asperger d'huile d'olive et frotter le pain avec l'ail; saupoudrer de sel.

Variante: tapenade (page 110); tomates et rucola; sauce au piment (page 109)

TARTE TOSCANE AUX ÉPINARDS ET OLIVES

Pâte rapide
- 275 g de farine intégrale
- 1/2 CC sel marin
- 175 ml/1,75 dl d'eau
- 75 ml/0,75 dl d'huile d'olive vierge extra

Garniture
- 4 CS d'huile d'olive extra vierge
- 200 g d'oignons hachés fin
- 2 gousses d'ail
- 400 g d'épinards à petites feuilles
- sel marin aux herbes
- poivre du moulin
- thym

- 2 CS de crème fraîche
- 2 œufs
- 50 g d'olives noires dénoyautées

1. Pour la pâte rapide, mélanger le sel à la farine. Cuire l'eau et retirer du feu. Ajouter l'huile et mélanger 1 minute au mixer pour l'émulsionner. Ajouter à la farine et assembler sans pétrir. Laisser refroidir un peu la pâte puis l'étendre au rouleau entre deux feuilles en plastique jusqu'à grandeur de la plaque. Retirer l'une des feuilles de plastique, déposer la pâte sur la plaque graissée, enlever la seconde feuille.

2. Pour la garniture, faire revenir l'ail pressé et les oignons dans l'huile d'olive. Ajouter les épinards et les laisser étuver. Assaisonner avec sel, poivre et le thym. Laisser égoutter les épinards dans une passoire.

3. Répartir les épinards sur la pâte. Battre les œufs et la crème et verser sur les épinards. Garnir avec les olives.

4. Cuire la tarte au milieu du four préchauffé à 200 °C durant 35 à 40 minutes. Servir chaud.

Conseil: une tarte parfumée pour l'apéritif.

Une recette très aromatique et intéressante de chez «Tre Mulini».

PIZZA AUX POIREAUX

Pour une plaque rectangulaire

- 1 portion de pâte à pizza (page 100)

Garniture

- 650 g de poireaux coupés fin
- 22 CS d'huile d'olive vierge extra
- 300 g germes de soja
- 6 CS de sauce tomate épaisse
- olives vertes et noires
- sel marin aux herbes, poivre
- mélange d'herbes séchées
- 200 g de mozzarelle coupée en petits dés
- 2 à 3 CS d'huile d'olive vierge

1. Faire revenir les poireaux durant 3 à 4 minutes dans 1 CS d'huile d'olive en remuant souvent. Assaisonner avec sel et poivre.

2. Faire revenir les germes de soja avec le reste de l'huile.

3. Etendre la pâte à grandeur de la plaque et la déposer sur la plaque. Etendre la sauce tomate et répartir les poireaux et les olives. Saupoudrer d'herbes aromatiques et des dés de mozzarelle. Asperger d'huile d'olive.

4. Faire monter 10 minutes avant de cuire. Cuire au four préchauffé à 220 °C durant 15 minutes environ.

Illustration: Muffins à la méditerranéenne

MUFFINS À LA MÉDITERRANÉENNE

Pour 8 muffins

- 250 g de farine d'épeautre bise
- 1 pincée de sel marin
- 1 CC de sucre de canne complet
- 1/2 CC de poudre à lever
- 3 œufs
- 150 à 200 ml/1,5 à 2 dl de lait
- 4 CS d'huile d'olive vierge extra
- 1 petit oignon haché fin
- 50 g d'olives noires hachées
- 1 CS de basilic coupé
- 1/4 Tde tasse de parmesan râpé
- romarin haché

1. Battre en pâte lisse tous les ingrédients jusqu'à et y compris l'huile d'olive. Ajouter le reste des composants.

2. Beurrer de petits moules à soufflé et y déposer la pâte. On peut aussi se servir de moules en papier (trois l'un dans l'autre). Saupoudrer d'un peu de parmesan.

3. Cuire les muffins au milieu du four préchauffé à 200 °C durant 20 minutes environ.

Conseil: servir les muffins chauds avec des olives marinées, des artichauts et des tomates.

Je tiens cette recette de Walther Graab, Minorque.

PÂTE D'AIL

- 1 tête d'ail
- huile d'olive vierge extra

1. Eplucher l'ail et le presser. Mélanger avec assez d'huile d'olive pour en préparer une pâte. Transvaser la pâte dans un bocal à fermeture hermétique et conserver au réfrigérateur.

Conseil: j'ai découvert ce mode de conservation chez des grands chefs de cuisine. Ainsi, on a toujours de l'ail frais à disposition.

PÂTE À L'AIL MALTAISE

- 1 gousse d'ail
- huile d'olive vierge extra
- sel marin

1. Partager l'ail et le cuire jusqu'à très tendre dans le four préchauffé à 180 °C durant 30 minutes. Retirer la pulpe de l'ail et mélanger à l'huile d'olive pour en faire une pâte. Saler à volonté

Conseil: pour tartiner le pain ou assaisonner.

AÏOLI – MAYONNAISE À L'AIL

- 2 gousses d'ail
- 2 jaunes d'œufs
- sel marin
- poivre du moulin
- 250 ml/2,5 dl d'huile d'olive vierge extra

1. Ecraser l'ail dans le mortier ou le presser. Ajouter le jaune d'œuf, assaisonner avec sel et poivre. Ajouter l'huile d'olive par petites portions en remuant sans cesse.

Conseil: servir avec des mets et légumes de toutes sortes, p. ex. légumes grillés ou crudités végétales.

Illustration à la page 7

PURÉE DE POIS CHICHES

- 150 g de pois chiches
- 8 à 10 CS d'huile d'olive vierge extra
- 2 à 3 gousses d'ail
- env. 100 ml/1 dl de bouillon de légumes
- sel marin
- une bonne poignée de persil à feuilles lisses, haché fin

1. Mettre tremper les pois chiches durant la nuit. Le lendemain, les faire cuire à feu doux dans un double volume d'eau fraîche, ceci durant 30 minutes environ. Les pois chiches doivent être très tendres. Laisser gonfler un peu puis jeter l'eau de cuisson.

2. Passer les pois au passevite. Ajouter l'huile d'olive et l'ail pressé. Remuer jusqu'à obtention d'une pâte homogène en ajoutant le bouillon. Goûter et assaisonner.

3. Remplir des petits bols de purée. Décorer avec le persil.

Conseil: servir avec des fugaces ou comme dip avec des crudités.

Information: les pois chiches sont riches en protéines végétales.

DIP AU YOGHOURT ET OLIVES

- 80 g d'olives dénoyautées, moitié noires, moitié vertes
- 1 oignon de printemps
- 300 g de yoghourt naturel
- 2 CC de grains de poivre vert
- 2 gousses d'ail
- 1 CS de persil haché
- quelques anchois hachés
- sel marin
- poivre du moulin

1. Hacher finement les olives et l'oignon et ajouter au yoghourt avec le poivre vert. Presser l'ail et l'ajouter avec le persil et les anchois. Assaisonner avec sel et poivre.

Conseil: ce dip est idéal avec les avocats, les tomates ou du poisson fumé.

SALSA VERDE DU PIÉMONT

- 2 CS de vinaigre de vin rouge
- sel marin
- poivre du moulin
- 200 ml/2 dl d'huile d'olive vierge extra
- 1 oignon haché fin
- 1 gousse d'ail pressée
- 40 g de persil à feuilles plates haché fin
- 10 g de feuilles de basilic haché fin
- 3 filets d'anchois hachés
- 3 petits concombres au vinaigre/cornichons hachés
- 1 CS de pignons de pin grillés, coupés fin
- 1 CS de câpres hachés

1. Mélanger vinaigre, sel, poivre et huile. Ajouter les autres ingrédients et bien mélanger.

Conseil: servir avec des crudités, pommes de terre en robe des champs, viandes ou poissons.

Illustration au premier plan:
Pommes de terre
au laurier (recette page 80)
Illustration au second plan:
Sauce au piment

SAUCE AU PIMENT

- 500 g de poivrons rouges
- 100 g d'oignons
- 5 CS d'huile d'olive vierge extra
- 150 g de tomates
- 2 gousses d'ail
- feuilles de thym
- 100 à 200 ml/1 à 2 dl de bouillon de légumes
- sel marin aux herbes
- poivre du moulin
- basilic

1. Partager le poivron, éliminer la tige et les pépins et le couper en petits carrés. Emincer les oignons en fines tranches. Enlever la tige des tomates et les couper en 4 ou en 8. Hacher l'ail.

2. Faire revenir les carrés de poivrons et les oignons dans l'huile d'olive à feu doux. Ajouter les tomates, l'ail et le thym et laisser mijoter quelques minutes. Ajouter le bouillon de légumes et cuire 15 minutes à feu doux. Passer le tout. Assaisonner avec sel et poivre. Couper le basilic et mélanger à la sauce.

Conseil: se marie aux préparations de légumes, riz, viandes et poissons. Egalement pour tartiner.

PÂTE AUX OLIVES – TAPENADE

- 200 g d'olives noires dénoyautées
- 2 CS de câpres
- 3 filets d'anchois
- 1 à 2 gousses d'ail coupées
- 150 à 200 ml/1,5 à 2 dl d'huile d'olive vierge extra

1. Passer les olives, les câpres, les filets d'anchois et l'ail à la moulinette/mixer. Verser le tout dans une écuelle et en faire une pâte avec l'huile.

Conseil: idéal avec du pain grillé et les crudités.Se conserve quelques jours dans un verre bien fermé au réfrigérateur.

PÂTE DE THON

- 1 petite boîte de thon
- 2 CS de câpres
- 3 filets d'anchois
- 100 g d'olives noires dénoyautées
- 150 ml/1,5 dl d'huile d'olive vierge extra

1. Hacher finement le thon, les câpres, les filets d'anchois et les olives à la moulinette/mixer. Verser le tout dans une écuelle et en faire une pâte avec l'huile d'olive.

SAUCE CITRON CRÉMEUSE

- 1 citron non traité, écorce râpée et le jus
- 1 pincée de piment
- 1 pincée de sel marin
- poivre du moulin
- 1/2 CC de miel d'acacia
- 6 CS d'huile d'olive vierge extra
- 2 à 3 CS de crème fraîche

1. Battre les ingrédients jusqu'à obtention d'une sauce crémeuse. Ajouter la crème fraîche à la fin.

Conseil: idéale avec une jeune salade pommée et la salade à tondre.

HUILES AUX HERBES

Si vous souhaitez avoir toute l'année une odeur d'herbes aromatiques dans votre cuisine, vous pouvez conserver les herbes fraîches dans de l'huile d'olive extra vierge. Présentées dans de beaux flacons en verre, ces huiles aux herbes sont de magnifiques cadeaux.

- Thym et romarin dans de l'huile d'olive extra vierge: idéal pour les mets avec des nouilles.

- Ail, piments et romarin dans de l'huile d'olive extra vierge: idéal pour les grillades.

- Menthe, ail, graines de cumin français et de coriandre, girofle et noix de muscade dans de l'huile d'olive vierge extra: le petit plus des mets orientaux.

Préparation des huiles aux herbes et aux épices:

- Placer les herbes et épices désirées dans le flacon choisi. Remplir d'huile d'olive vierge extra. Placer le flacon fermé à un endroit bien tempéré, mais pas chaud. Laisser macérer 5 à 6 semaines pour que l'huile prenne le parfum des herbes et épices.

L'HUILE D'OLIVE ET LES PRODUITS À BASE D'HUILE D'OLIVE DANS LES THÉRAPIES NATURELLES

Dans les pays méditerranéens, l'huile d'olive est appréciée en tant qu'élixir de santé depuis quatre mille ans. Ramses II, qui régna en Egypte de 1290 à 1224 av. J.C., aurait utilisé de l'huile d'olive contre tous les maux.

Pline, lui aussi, recommandait deux liquides pour l'homme: le vin pour l'usage interne et l'huile d'olive pour l'application externe. Quant à Démocrite, il donnait la règle diététique suivante comme réponse à la question de savoir comment on restait en bonne santé et comment on atteignait un grand âge: «Du miel en usage interne, de l'huile en usage externe». La réponse d'un romain âgé de plus de 100 ans donnée à Auguste était semblable: «En interne, avec du vin et du miel, en externe par l'huile».

Autres source historiques

Dans la Bible, nous trouvons également diverses remarques sur l'usage thérapeutique de l'huile d'olive. Dans ce temps, l'huile était utilisée, entre autres, pour les soins du corps et des malades. Dans la médecine arabe, grecque et romaine, l'huile d'olive a également joué un rôle important. Elle était utilisée comme base pour des pommades, baumes et huiles. L'huile était aussi utilisée pour soigner les plaies et en cas de brûlures. A l'aide d'huile d'olive, on traitait les hémorragies des plaies, on calmait le prurit et on l'appliquait sur les urticaires. Elle servait à soigner la peau crevassée et sèche. En cas de maux de tête, un massage à l'huile d'olive soulageait.

En usage interne, on utilisait l'huile d'olive en cas d'intoxications, de troubles gastro-intestinaux et pour favoriser la menstruation.

Hildegard de Bingen et l'huile d'olive

Dans la médecine occidentale, l'huile d'olive est connue comme remède depuis le 12e siècle. Hildegard de Bingen la prescrivait pour diverses affections. Aussi, appliquait-elle surtout le bois et les feuilles comme remèdes précieux. Elle recommandait l'écorce contre la goutte, les feuilles comme remède contre les maladies de l'estomac et l'huile en cas de maux de tête et de douleurs lombaires, ainsi qu'en cas de crampes, mais aussi en usage externe.

L'huile pressée du fruit de l'olivier n'est pas très favorable lorsqu'on la consomme, car elle provoque des nausées et rend les aliments lourds. En revanche, elle est utile contre beaucoup de maladies.

Hildegard de Bingen

Il est certain que Hildegard de Bingen devrait réviser son jugement aujourd'hui. Entre-temps, on sait que l'huile d'olive, avec sa bonne tolérance et avec sa pureté, est unique pour le corps humain. Il est certain que du temps de Hildegard, l'huile d'olive arrivant en Rhénanie était devenue rance en raison du long voyage et ne pouvait plus servir que pour des applications externes.

Rudolf Steiner louait l'huile d'olive en tant qu'aliment et remède

Au cours de ses exposés médicaux, Rudolf Steiner recommandait le vin, le miel et l'huile d'olive en tant qu'aliments sains et pour guérir. Le vin et l'huile d'olive surtout sont deux éléments de l'alimentation méditerranéenne tant louée de nos jours.

Beaucoup de ces applications connues ont été perdues avec l'apparition de la médecine moderne. De nos jours, elles regagnent en intérêt en naturopathie.

L'huile d'olive et le cholestérol

Au cours des années passées, un grand nombre d'études épidémiologiques et biochimiques en sciences alimentaires ont prouvé que les acides gras saturés, comme on les retrouve avec les protéines animales, étaient particulièrement impliqués dans l'augmentation du cholestérol total, mais en particulier du taux de cholestérol LDL (mauvais cholestérol, respectivement dangereux). En même temps, la part en cholestérol HDL (High Density Lipoproteine), appelé aussi bon cholestérol, est abaissée. Le cholestérol LDL provoque le dépôt de substances grasses sur les parois internes des vaisseaux sanguins. La suite se manifeste sous forme d'artériosclérose précoce avec perte d'élasticité des vaisseaux et mauvaise irrigation sanguine.

Les maladies typiques sont les maladies cardiaques coronaires avec angine de poitrine, infarctus du myocarde, troubles de l'irrigation sanguine cérébrale avec diminution précoce de la mémoire à court terme et apoplexie. Un taux sanguin élevé en HDL est un indice pour un risque réduit d'infarctus du myocarde. Un taux abaissé en HDL est un facteur de risque.

L'huile d'olive: protection cardiaque

Les trois quarts de l'huile d'olive sont constitués d'acides gras mono-insaturés (acides oléiques) et un sixième environ sont des acides gras poly-insaturés. Un maximum de 20% est constitué par des acides gras saturés. Jusqu'à présent, on pensait que seul les acides gras poly-insaturés influençaient positivement le taux sanguin de cholestérol et que les acides gras mono-insaturés se comportaient de façon neutre en ce qui concerne le cholestérol. Pour cette raison, on a longtemps évité de conseiller l'huile d'olive pour diminuer la cholestérolémie. Des recherches ont démontré que la population méditerranéenne présentait un taux d'infarctus du myocarde plus bas et, en moyenne, un taux de cholestérol sanguin plus bas par rapport à des

L'huile d'olive et les feuilles de l'olivier guérissent et soulagent

- **L'huile d'olive exerce un effet positif en cas d'hypercholestérolémie; elle diminue le cholestérol LDL néfaste et augmente le cholestérol HDL bénéfique dans le sang.**
- **L'huile d'olive est favorable pour le cœur.**
- **L'huile d'olive abaisse l'hypertension artérielle.**
- **La tisane de feuilles d'olivier abaisse l'hypertension artérielle.**
- **L'huile d'olive fluidifie le sang.**
- **L'huile d'olive favorise l'écoulement de la bile.**
- **L'huile d'olive favorise la digestion et agit en léger laxatif.**
- **L'huile d'olive contient des substances chimiques qui ralentissent la croissance des tumeurs et du vieillissement.**
- **La tisane de feuilles d'olivier abaisse la fièvre.**

populations comparables dans le reste de l'Europe. Alors même que cette population méditerranéenne se caractérise par une alimentation riche en calories et une consommation élevée de corps gras (principalement d'huile d'olive). Les huiles végétales tant propagées telles l'huile de carthame et de tournesol, riches en acides gras poly-insaturés, abaissent toujours la teneur totale en cholestérol, y compris la précieuse HDL, ce qui n'est pas souhaité. On devrait donc utiliser, en diététique, de l'huile d'olive pour régulariser des valeurs de cholestérol trop élevées.

Une cuillerée à soupe d'huile d'olive neutraliserait l'effet produit sur le taux de cholestérol par l'ingestion de deux œufs. 4 à 5 cuillerées à soupe d'huile d'olive par jour améliorent nettement la composition sanguine de patients touchés par un infarctus du myocarde. Selon une étude, 2/3 d'une cuillerée à soupe absorbés tous les jours abaisseraient la pression artérielle chez les hommes.

L'huile d'olive et le diabète

La cuisine méditerranéenne traditionnelle remplit toutes les exigences d'une alimentation diabétique bien adaptée. Beaucoup de légumes, surtout, et des hydrates de carbone complexes, exercent un effet favorable chez le diabétique.

L'huile d'olive et l'embonpoint

Avec l'alimentation méditerranéenne, qui correspond automatiquement aux principes de l'alimentation dissociée, il est possible de réduire l'embonpoint de manière saine. Les personnes qui renoncent à toutes les graisses afin de réduire leurs kilos superflus courent le risque de déséquilibrer totalement leur métabolisme. Les problèmes de poids corporels sont ainsi programmés.

d.
e.
a.
c.
b.

Le phénomène de la Crète

Les habitants de la Crète consomment plus de graisses que tous les habitants du monde. Ils couvrent presque la moitié de leurs calories journalières par de la graisse. Toutefois, plus des deux tiers proviennent de l'huile d'olive. Selon les connaissances scientifiques d'aujourd'hui, cette consommation élevée de graisses devrait provoquer le plus grand nombre d'infarctus du myocarde au monde. Ce qui n'est pas du tout le cas. La population de la Crète présente le taux le plus bas d'infarctus et de cancers au monde. Les chercheurs désireux de découvrir les raisons de longévité des Crétois ont immanquablement découvert l'huile d'olive. En Crète, on utilise plus d'huile d'olive par habitant que partout dans le monde. Les autres pays pratiquant une cuisine méditerranéenne suivent immédiatement après.

L'huile d'olive pour une longue vie

Les substances chimiques contenues dans l'huile d'olive réduisent la tendance à la coagulation du sang, élèvent le taux sanguin positif en cholestérol HDL et abaissent en même temps le taux de cholestérol LDL. Au cours de mes consultations de diététicienne, mes patients me disent souvent que leur médecin leur avait interdit de consommer de l'huile d'olive à cause de leur taux trop élevé de cholestérol. Je souhaite que ce livre contribuera à éliminer cette fable et que les spécialistes en cardiologie recommanderont l'huile d'olive saine à leurs patients. Il existe heureusement un bon nombre d'experts qui, sur la base des résultats des études, conseillent à leurs patients la consommation d'huile d'olive comme médecine. Au cours d'essais sur des Américains, on a pu prouver que l'absorption d'huile d'olive abaisse le taux sanguin de cholestérol de 13% et celui du cholestérol dangereux même de 21%.

A Milan, il existe une équipe de médecins qui prescrit à ses patients opérés du cœur quatre à 5 cuillerées à soupe d'huile d'olive comme traitement postopératoire. En l'espace de six mois, les patients présentent des valeurs sanguines nettement améliorées est sont ainsi moins exposés aux maladies cardiaques.

Que vos aliments soient votre médecine et que vos médicaments soient votre alimentation.

Hippocrate

L'huile d'olive est digeste

L'huile d'olive est de grande valeur pour l'homme, car son point de fusion est proche de celui de la production de la graisse humaine. En plus, sa composition est très proche de celle du tissu graisseux hypodermique.

Les graisses sont d'autant plus digestes que leur point de fusion se rapproche de la température du corps. Vue sous cette angle, l'huile d'olive présente des valeurs presque idéales, suivie du beurre qui fond à 37°C environ. Comme l'huile d'olive est facilement émulsionnée, elle est aisément dissociée au cours de la digestion. Pour cette raison, elle devrait également être la graisse favorite d'un régime pour le foie et la bile.

L'huile d'olive devrait également être recommandée à tous les patients souffrant d'hyperacidité gastrique. L'huile d'olive de haute valeur exerce un effet abaissant de l'acidité. En Italie, les personnes chargées de la production de l'huile d'olive ajoutent quelques gouttes d'huile dans leur jus d'orange du matin.

Même chez les patients souffrant d'ulcères de l'estomac, la situation clinique s'améliore par la consommation régulière d'huile d'olive. Elle est donc tout, sauf difficile à digérer.

L'huile d'olive prévient le cancer

Par un apport en huile d'olive, les membranes des cellules humaines deviennent plus stables et sont moins exposées aux attaques par les radicaux libres. On suppose que les antioxydants de l'huile d'olive, lorsqu'ils sont absorbés en quantités suffisantes par les cellules du corps, aident à lutter contre les attaques qui produisent du désordre dans les cellules et favorisent le développement des cancers.

Par son effet favorable sur la digestion, l'huile d'olive a encore un autre avantage. Il est admis qu'en cas de constipation, un grand nombre de toxines restent dans l'intestin et, partant de là, produisent une intoxication de l'organisme tout entier. Ceci peut également favoriser l'apparition d'un cancer de l'intestin. Des études sur la mortalité due au cancer en Europe du nord et de l'ouest démontrent que l'huile d'olive, respectivement l'alimentation méditerranéenne, exercent un effet positif sur le cancer. Dans ces pays, ces cas sont généralement plus nombreux que dans les pays méditerranéens.

L'huile d'olive, base pour des huiles thérapeutiques

Les médecines naturelles se servent de l'huile d'olive surtout pour les médicaments liposolubles. Elle sert de base pour la fabrication de l'huile de millepertuis qui calme les nerfs, pour l'huile de bouillon blanc anti-inflammatoire et pour les huiles de romarin et de bourgeons de pommier favorisant la circulation. On l'utilise également pour l'huile de marjolaine stimulant la digestion ou l'huile de fenouil mucolytique. En plus, l'huile d'olive s'utilise pour la production de diverses huiles de massage.

Effets thérapeutiques de la feuille d'olivier

La feuille d'olive (folia oleae) est cueillie entièrement développée ou sous forme de bourgeon. En tisane ou en teinture, elle a un effet hypotenseur.

L'huile d'olive dans l'alimentation du nourrisson

Des études sur l'huile d'olive en Angleterre ont démontré que l'acide oléique qu'elle contient joue un rôle des plus importants dans l'alimentation des mammifères et des nourrissons pour l'élaboration des cellules. L'acide oléique influence aussi positivement la capacité d'apprendre. Les mères qui allaitent devraient donc consommer journellement assez d'huile d'olive afin d'augmenter la teneur du lait maternel de cet acide gras vital. Il va de soi que ceci est également valable pour la grossesse.

Les acides gras mono-insaturés

Dans l'huile d'olive, les acides gras mono-insaturés prédominent avec un taux de 70 à 80%. Le reste se compose d'acide gras di- ou polyinsaturés. Pour les anthroposophes, l'huile d'olive est également l'huile du milieu de par sa composition. Bon nombre d'études ont démontré que les acides gras monoinsaturés, justement, exerçaient une forte action protectrice sur le sang. Durant de nombreuses années, cet effet protecteur était attribué par erreur aux acides gras poly-insaturés.

Plus la part d'acides gras poly-insaturés est élevée, moins l'huile se prête à la cuisson.

Composition moyenne des graisses végétales en acides gras
(en % de la quantité totale de graisses)

huile de pépins de courge	**9**	**34**	**42**	**15**
huile de tournesol	**12**	**23**	**65**	
huile de carthame	**12**	**13**	**75**	
huile de sésame	**13**	**42**	**45**	
huile de soja	**15**	**26**	**50**	**9**
huile d'olive	**16**	**76**	**8**	
huile de germes de blé	**17**	**24**	**59**	
huile de palme	**46**	**44**	**10**	
huile de coco (coprah)	**92**	**6**	**2**	

- acides gras saturés
- acides gras mono-insaturés
- acides gras double insaturés
- autres acides gras holy-insaturés

APPLICATIONS PRATIQUES

Applications d'huile d'olive en usage externe

L'huile d'olive peut être appliquée ou massée directement sur les emplacements touchés en cas d'abcès, de maladies des ongles, de piqûres d'insectes et de rhumatismes

Elle est également utilisée sous forme d'enveloppement ou de compresse en cas de brûlures ou de plaies, mais aussi comme adjonction dans des bains ou des lavements.

Recommandation: avant l'application en usage externe, on devrait préalablement tempérer l'huile en plaçant la bouteille dans un bain-marie. A température du corps, l'huile développe mieux son effet.

Frictions à l'huile d'olive

En Italie, de nos jours encore, l'huile pure est utilisée en frictions contre les cour batures, crampes, pustules, douleurs de tout genre et pour la détente. Le grand guérisseur Edgar Cayce recommandait l'huile d'olive comme une des substances les plus efficaces pour stimuler l'activité musculaire et des muqueuses. Elle ramollit et réchauffe. L'huile d'olive soulage dans tous les cas de rhumatismes.

Dans son livre sur la thérapie des arbres («Baumheilkunde»), Strassmann recommande une application d'une compresse d'huile d'olive sur la région du foie durant la nuit pendant 2 à 3 semaines pour activer les fonctions du foie. Ceci purifie, stimule l'activité biliaire et renforce le foie. Pour fortifier la musculature du dos et les disques intervertébraux, il conseille un massage journalier de la colonne vertébrale avec de l'huile d'olive.

Rinçages de la bouche à l'huile d'olive

Le matin, on prend une cuillerée d'huile d'olive dans la bouche et on la mâche durant 10, voire 20 minutes. Ensuite, on recrache cette huile. Cette cure contribue à purifier et désintoxiquer l'organisme.

Boisson matinale à l'huile d'olive et au jus de citron

Boire une cuillerée à café d'huile d'olive vierge extra avec un verre d'eau tiède et 6 gouttes de jus de citron. Cela fournit de l'entrain et de l'énergie.

L'huile d'olive et le bois d'olivier pour des fumigations

Avec des fumigations de feuilles et de bois d'olivier, nous rencontrons l'essence même de l'arbre (Strassmann, Baumheilkunde). Ces fumigations contribuent à retrouver paix et calme et à fortifier corps, esprit et âme.

L'huile d'olive en obstétrique

On a toujours utilisé de l'huile d'olive en obstétrique. On masse le périnée et le vagin avant l'accouchement.

Tisane aux feuilles d'olivier contre le stress et contre les troubles durant la ménopause

1 semaine de cure intensive

Faire cuire 20 g de feuilles d'olive dans 1 litre d'eau et réduire à 250 ml. Boire durant la journée et répéter tous les jours de la semaine.

Macération à froid de feuilles d'olive

Macérer 20 à 40 g de feuilles d'olive dans de l'eau froide durant la nuit. Le matin, réchauffer rapidement et passer. Boire le liquide réparti durant la journée. Durée de la cure: 3 semaines; 1 semaine de pause, puis reprendre durant 3 semaines.

Cure dépurative intense

Boire matin et soir une tisane de feuilles d'olivier. Appliquer une compresse d'huile d'olive sur le foie chaque nuit et procéder au rinçage de la bouche à l'huile d'olive tous les matins. Durée de la cure: 3 semaines.

L'olive dans la thérapie florale du Dr. Bach

L'essence florale Bach «olive» est utilisée dans les cas d'épuisement physique, spirituel et affectif. On se sent épuisé et à bout de force. Cette essence rend de la force et de la vitalité.

L'olivier pour notre âme

Celui qui a l'occasion de méditer sous un olivier d'un âge respectable ressentira la force et l'énergie qui en découle. C'est la confirmation de l'appellation «arbre de vie». L'olive aide aussi les gens à découvrir leurs limites

Le bois d'olivier est dur, robuste et résistant. Il reflète la vitalité de l'arbre et on la retrouve dans son bois. Ainsi l'homme fatigué peut y puiser de nouvelles forces. J'ai écrit ce livre assise sur une chaise en olivier.

Strassmann dit: «Je suis convaincu que toutes les personnes professionnellement très engagées devraient, de temps en temps, s'asseoir sur une chaise en olivier pour puiser de nouvelles forces.»

Si le bois d'olivier est utilisé comme bois de cheminée, il fournit une chaleur qui pénètre dans notre âme.

LITTÉRATURE

Biocampo, Lugano; documentation professionnelle sur l'huile d'olive

Bosi, Roberto; L'olio – Olivenöl. Edition Spangenberg bei Droemer Knaur

Carper, Jean; The Food Pharmacy, 1988 by Jean Carper

Castiglione, Christophe; Une vie d'Olivier. Editions de Haute-Provence

Degner, Rotraud; Olivenöl. Ein Guide für Feinschmecker. Heyne

Divers articles de presse sur l'olive

Euroscience Communication Francfort; publications professionnelles dans le cadre de la campagne de la mise en valeur de l'huile d'olive

Gordon-Smith, Claire; Flavouring with olive oil. 1996, Ryland Peters and Small, Cavendish House, London

Hartner, Heide; Olivenöl und Oliven. Econ

Hofmann, Ilse; documents de Bonefro, Nicola di Capua sur le sujet «Huile d'olive et naturopathie»

Institut du Monde de l'Olivier, Nyons; divers documents sur l'huile d'olive

Kleinhanding, Brigitte; Der Ölbaum, Symbol des Lebens. Braus

Oleifico Sabo à Manno et Pistor AG Rothenburg, diverses brochures

Pelikan, Wilhelm; L'homme et les plantes médicinales; vol. 1 1994, vol. 2 1993. Triades, Paris

Rapunzel France; LA LETTRE, spécial olives grecques, 1998

Renzenbrink, Udo; Ernährungskunde aus anthroposophischer Erkenntnis. Rudolf Gering

Romano, Marco; travail de diplôme: «Le marché de l'huile d'olive», 1994
Schäfer Schuchardt, Horst; Die Olive. DA Das Andere

Schmidt, Gerhard; Dynamische Ernährungslehre, Band 2. Proteus

Scott, Cunningham; The magic Food. 1990, Scott Cunningham

Strassmann, René A.; Baumheilkunde. AT Verlag

Tolley, Emelie; Herbs. Crown Publishing Group, Inc.

Tondeur, Freddy; La fête des olives. Editions du Mot passant

Tre Mulini; «Olivenölzytig», Zurich

Vescoli, Michael; Keltischer Baumkreis. Edition Kürz

Wolfram, Kathrin; Die Ölziehkur. Goldmann

Adresses/manifestations

Campagne de l'UE pour favoriser la consommation d'huile d'olive. Informations par: Euroscience Communication Hill and Knowlton PR, Kleystrasse 90, D-60326 Frankfurt a. M.; tél. +49 69/9 73 62 13; FAX +49 69/73 08 66

Institut du Monde de l'Olivier F-26110 Nyons, Place de la Libération 40; tél.: +33 475 26 90 90; FAX: +33 475 26 90 94; développement, promotion, documentation, organisation de rencontres internationales

Internet, Banque de données sur l'huile d'olive et l'alimentation méditerranéenne: http://europa.eu.int/olive-oil. Cette collection comprend des informations scientifiques sur l'huile d'olive avec listes des références sur les études concernant les avantages de l'huile d'olive pour la santé, les effets de la consommation d'huile d'olive sur la santé en Europe. Calendrier des congrès des manifestations dans les domaines de la cardiologie et de l'oncologie e.t.c

La scourtinerie, production artisanale de scourtins, La Maladrerie 36, F-26110 Nyons; Alain et Frédérique Fert, +33 475 26 33 52, FAX +33 475 26 20 72

Les vieux moulins à huile et savonnerie 18e; Promenade de la Digue 4, F-26110 Nyons; J.P. Autrand +33 475 26 11 00

MICO – Mouvement International pour la Culture de l'Huile d'olive; Via A. Lamarmora 14, I-50121 Firenze. Promotion de rencontres, études, conférences, débats et autres manifestations culturelles; organisation de cours de formation et de dégustation

Musée de l'huile d'olive en Italie: Costa dei Fiori, station de train Imperia/Riviera di Ponente

Musée de l'Olivier F-26110 Nyons; Allée des tilleuls; renseignements: Office du Tourisme Nyons, +33 475 2 6 10 35

également aux
Editions
VIRIDIS

Ce livre magnifique vous fait connaître ce qu'il faut savoir sur la plante du thé, la culture du thé, les différences entre le thé vert et le thé noir, l'effet de la caféine, les nouvelles découvertes sur les effets thérapeutiques sensationnels du thé vert ainsi que différentes possibilités d'utilisation et des recettes.

Le thé vert est la manière originale et la plus saine de boire du thé.

104 pages, Prix de vente: CHF 19.–

ISBN 3-310-00316-7
Distribution: Suisse, TRANSAT Genève; France, Multilivres Diffusion Paris; Canada, Raffin Montréal